Prof. Ekard Lind

TEAM-Balance

Vorbereitungsstufe für Hunde-Erziehung, -Sport und -Ausbildung

Fotos: Ekard Lind, Marie-Therese Lind
Zeichnungen: Renate Holzner

Inhalt

TEAM-Bildung nach Lind-art®

Lind-art®-TEAM-Bildung

 Vor dem Hintergrund eines wachsenden Verständnisses für die Arteigenheit des Hundes scheint der Weg frei für eine Bewegung, die Ekard Lind in seinem Leitbild der »Drei Zinnen« überzeugend darstellt.

Wie alles begann

Als im Jahre 1995 mein erster Fachbericht mit dem Titel »Apportieren – freudig – schnell – exakt« veröffentlicht wurde, hatte wohl niemand gedacht, dass dieser Artikel innerhalb weniger Jahre weltweit zum meistveröffentlichten Hunde-Fachbericht werden würde. Allein im deutschsprachigen Raum wurde das Manuskript fast zehnmal publiziert. Das ist ungewöhnlich, zumal große Zeitschriften in der Regel darauf achten, Artikel entweder als Erste oder gar nicht zu veröffentlichen. »Apportieren – freudig – schnell – exakt« jedoch war gut für eine Ausnahme. Der Abdruck bewirkte nicht nur

höhere Auflagen. Auch das Leserecho hallte noch lange nach, obwohl der Aufsatz vom Leser einiges abverlangt und kein Blatt vor den Mund genommen wurde. Am Apportieren, der Königsübung der klassischen Unterordnung, konnte gezeigt werden, dass es auch anders geht, nämlich ohne Zwang und Druck. Slogans der traditionellen Hundeausbildung, wie zum Beispiel »…das Apportierholz darf nie zum Spielen eingesetzt werden…« oder: »…Apportieren ist eine reine Gehorsamsübung…«; oder: »…ohne Zwang ist kein sicheres Apportieren möglich…« – wurden schonungslos

entlarvt. Und dies mit unumstößlichen Argumenten des gültigen Wissensstandes aus Ethologie (Verhaltensforschung) und Tierpädagogik. Als dritte Grundlagenkomponente wurde die ethische Verantwortung des Menschen sich selbst und der Schöpfung gegenüber herausgearbeitet, wobei ich mich des inzwischen vielfach zitierten Bildes der »Drei Zinnen« bediente: Ethik, Ethologie und Pädagogik – in **einem** Massiv, das heißt, untrennbar miteinander verbunden. Tausende Hundefreunde begannen daraufhin, die zwangsorientierte Apportierausbildung umzustellen. Mit Erfolg! 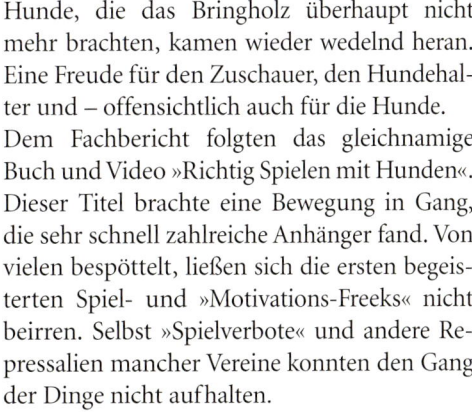 Hunde, die das Bringholz überhaupt nicht mehr brachten, kamen wieder wedelnd heran. Eine Freude für den Zuschauer, den Hundehalter und – offensichtlich auch für die Hunde.

Dem Fachbericht folgten das gleichnamige Buch und Video »Richtig Spielen mit Hunden«. Dieser Titel brachte eine Bewegung in Gang, die sehr schnell zahlreiche Anhänger fand. Von vielen bespöttelt, ließen sich die ersten begeisterten Spiel- und »Motivations-Freeks« nicht beirren. Selbst »Spielverbote« und andere Repressalien mancher Vereine konnten den Gang der Dinge nicht aufhalten.

Auch der zweite Buch- und Video-Titel »Hunde spielend motivieren« fand in der Hunde-Szene sehr schnell Verbreitung. Hinzu kam eine engagierte und umfangreiche Seminararbeit. Kaum eine Metropole oder Großstadt im deutschsprachigen Raum, in der nicht schon Seminare stattfanden. Die Seminare boten die Probe aufs Exempel. Hier konnte sich jeder live davon überzeugen, was die Botschaft besagt und ob sie umsetzbar ist. Umsetzbar nicht nur für einige Spitzen-Teams. Nein, umsetzbar für jeden!

Der Wunsch nach einem eigenen Ausbildungs-Modell auf der Basis meiner Spiel- und Motivations-Lehre wurde immer stärker – der Ruf nach Prüfungen und institutioneller Akzeptanz immer lauter. Es entstand der Begriff »Lind-art« – inzwischen eine eingetragene Wortmarke – und es wurde das TWZ (TEAM-work-Zentrum) gegründet, welches die Verbreitung der Lehre, die Ausbildung eigener Trainer und Richter als auch die Organisation von Prüfungen verwaltet. Namhafte Persönlichkeiten wirken seither an dieser anspruchsvollen Ausbildung mit. Auch die

neu entwickelten Sportarten TEAM-dance und TEAM-sport werden von dieser Organisation betreut (siehe Literaturverzeichnis Buch-Titel: TEAM-dance, Seite 155).

Besondere Erwähnung verdient der Buch-Titel »Mensch-Hund-Harmonie – Unterordnung auf neue Art« (siehe Literaturverzeichnis Seite 155). Hier geht es nicht nur um den Umgang mit dem Hund, sondern um ein neues Verständnis hundesportlicher Leistung, auf dem Boden der traditionellen »Unterordnung«, welche zur »EINordnung« wird und damit eine entscheidende Veränderung erfährt. Diese Veränderung, die darin gipfelt, dass der Hund Aufgaben freiwillig und lustvoll ausführt, soll zu einer zeitgemäßen Orientierung verhelfen. In dem Buch »Mensch-Hund-Harmonie« wird dem Hundesportler das nötige Rüstzeug mitgegeben, Sport im Einklang hundlicher Bedürfnisse auszuüben. Wer zur Wandlung vom Hundeführer zum TEAM-Führer bereit ist, wird darüber hinaus staunend feststellen, dass auf diese neue Art sportliche Leistungen möglich werden, die selbst kühne Erwartungen übertreffen: Gemeinsame Leistungen – im

Bei der Wandlung von der Mensch-Hund-Beziehung zur Mensch-Hund-Harmonie verändert sich der Mensch vom Hundeführer zum Teamführer.

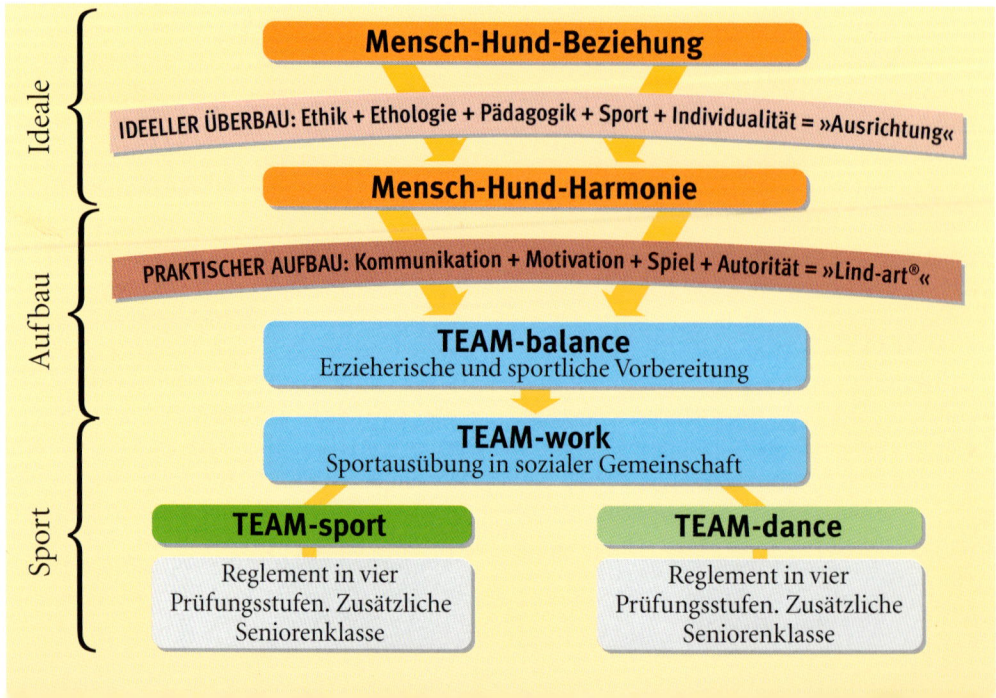

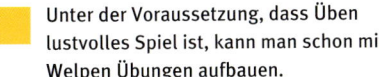

Unter der Voraussetzung, dass Üben lustvolles Spiel ist, kann man schon mit Welpen Übungen aufbauen.

Team. TEAM-Balance schafft hierfür die Grundlagen.

Wer einmal diese neue Art – live vorgeführt – erlebt hat, kann sich der Faszination, die davon ausgeht, kaum entziehen. Er wird das Szenario aus Harmonie, Emotion und hochkarätiger sportlicher Leistung so schnell nicht vergessen. Und wer sich einmal auf diesen Weg begibt, kehrt in der Regel nicht mehr um.

Ekard Lind im Juni 2001

Was ist »Lind-art®-TEAM-Bildung« ?

Die Begriffe bedürfen einer Erklärung. Zuerst ist festzuhalten, dass es sich bei meiner Spiel- und Motivationslehre um keine »Methode« handelt! Die Lehre beinhaltet zwar Methoden, viele Methoden. Aber die Methode ist nicht das Wesentliche. Die Lehre ist zu komplex, um sich allein methodisch fassen zu lassen.

Der neue Weg im Umgang mit dem Hund lässt sich eher, aus theoretischer Sicht, als »Ausrichtung« verstehen und er beinhaltet gleichzeitig, aus praktischer Sicht, zahlreiche, ausgearbeitete und bewährte »Umsetzungen«.

Warum »art«?

Am besten lassen sich die Ausrichtung und ihre Umsetzung mit dem mehrfachen Sinngehalt des Wortes »art« umschreiben. In der dreifachen Bedeutung dieses Wortes offenbart sich das geistige Fundament der »Mensch-Hund-Harmonie«.

»Art« steht einmal für die besondere, zeitgemäße »Art und Weise«, in welcher der Mensch die Mitgeschöpflichkeit in den Mittelpunkt seiner Mensch-Hund-Beziehung stellt (ethischer Aspekt). Zum anderen verpflichtet »art« zum »artgerechten« Umgang mit dem Hund (ethologischer Aspekt). Und zum dritten soll »art«, sprich Kunst, auf die kreativen Möglichkeiten neuer Didaktik und Methodik hinweisen, »Mensch-Hund-Harmonie« praktisch zu verwirklichen (humanpädagogischer und tierpädagogischer Aspekt).

Vom »Hundeführer« zum »Teamführer«

TEAM-Bildung und -Ausbildung

Im Gegensatz zu Ausbildungsideologien, welche in der sklavisch-bedingungslosen Unter-Ordnung des Hundes das Ziel sahen und sehen (Hund als »Werkzeug in der Hand des Hundeführers«), fordert die Lind-art®-TEAM-Bildung das »Gegenseitige Aufeinander-Eingehen« beider Teampartner.

Das bedeutet: Bevor die Anpassung des Hundes erwartet wird, muss zuerst einmal der **Mensch** das lernen, was für das Verständnis und den Umgang mit seinem hundlichen Begleiter erforderlich ist.

Auf diesen Säulen führt die TEAM-Bildung zu einem verständnisvollen Umgang mit dem Hund, ohne dabei jedoch Autorität und Rangordnung in Frage zu stellen. TEAM-Bildung verwandelt den »Hundeführer« zum »Teamführer«.

Zum Begriff »Führer«

Uns Deutschen kommt dieses geschichtsbelastete Wort schwer über die Lippen. Unser Unterbewusstsein schaltet hier bestimmte, tief verankerte Verknüpfungen. Von der Semantik her verdient das Wort »Führer« sicher keine ausschließliche negative Assoziation. Man denke nur an das »Führen eines Kindes an der Hand« oder an den »Blindenführer«. Wo kommen wir hin, wenn wir alle Worte, welche der Mensch in seiner Geschichte missbraucht hat, eliminieren? Viel würde vermutlich nicht übrig bleiben. Wäre es nicht besser, sich auf die »verbindende Naht« zu besinnen, als das Skalpell anzusetzen? Was taugt zur Aufarbeitung besser? Also, keine Angst vor dem Wort »Führer«! Beleben wir das Wort mit positiven Vorstellungen. Im »Teamführer« sehen wir ganz bewusst und klar definiert das Verbindende, das Aufbauende und Erhaltende.

Neben dem »Gegenseitigen Aufeinander-Eingehen« beider Teampartner werden in der Lind-art® auch die hundesportlichen und gebrauchshundlichen Leistungen neu definiert. An Stelle der traditionellen, formal ausgerichteten Beurteilung werden im Sinne der »Mensch-Hund-Harmonie« *Qualitative Leistungsanteile* betont. Auf *Qualitative Leistungsanteile* wird an späterer Stelle noch näher einzugehen sein.

Trotzdem mag der eine oder andere nochmals fragen: Wozu das Ganze? Gibt es nicht schon genügend Ausbildungsprogramme und Prüfungen? – In der Tat, Prüfungen werden viele angeboten. Aber es gibt bis dato keine einzige Prüfungsform, in welcher der spielerische Umgang selbst, das »Freie Spiel« oder das Lernspiel vorgeführt und gewertet werden. Geprüft werden bislang »Endergebnisse«: Aufgaben aus dem Gehorsams- und Unterordnungsprogramm, z.B. ›Sitz‹, ›Platz‹, ›Steh‹, ›Fuß‹ und ›Hier‹, wobei jeweils die fertige Ausführung in Verbindung zusätzlicher, formal betonter Anforderungen bewertet wird. Mehr und mehr setzen sich auch Prüfungsteile durch, welche die Verkehrs- und Sozialisations-Tauglichkeit des Hundes zum Ziel haben, was im Vergleich zu reinen Unterordnungsleistungen einen deutlichen Gewinn darstellt.

In TEAM-Balance standen jedoch noch weitere Grundgedanken Pate: Wenn wir wollen, dass die Ausbildung einfühlsamer und artgerechter wird, kommen wir nicht umhin, die besonderen Kriterien positiver, motivationaler Ausbildung selbst in den Mittelpunkt zu stellen, und nicht nur ihre Ergebnisse. In diesem

An Stelle des traditionellen Rucks erfährt der Hund »Streicheleinheiten«. Das soziale Kontakt-Spiel tritt anstelle der alten Meidemotivation: »*Gehst Du nicht direkt am Bein mit, so wird dir der Leinendruck zeigen, was du tun sollst.*«

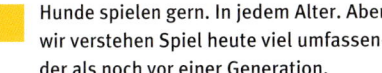
Hunde spielen gern. In jedem Alter. Aber wir verstehen Spiel heute viel umfassender als noch vor einer Generation.

Sinne hat der Autor das entsprechende Know-how aus der Humanpädagogik (Früherziehung) für die Hundeausbildung umgeformt. Ein Prozess, der in ständigem Ineinandergreifen von Theorie und Experiment immerhin acht Jahre dauerte.

Für welchen Lebensabschnitt?

Die Entwicklungspsychologie lehrt uns, dass jede Entwicklungsphase eigene, teils einmalige und unwiederbringliche »Lernfenster« öffnet – und schließt. Werden diese Fenster nicht zur richtigen Zeit und nicht ausreichend weit geöffnet, so können irreparable Schäden die Folge sein. Aus diesem Grund wird in TEAM-Balance die für das Lernen unwiederbringlich kostbare frühe Entwicklungszeit gezielt genutzt.

TEAM-Balance ist ein Ausbildungssegment. Es schließt im Idealfall an die vorausgegangene Welpen-Spielerziehung (nach der 16. Woche) an und leitet zur anschließenden, weiteren Erziehung und Ausbildung über.

TEAM-Balance kann jedoch mit Hunden jeder Reife, jeden Alters und Ausbildungsstandes geübt und prüfungsmäßig abgeschlossen werden: mit Junghunden ebenso wie mit erwachsenen oder alten Hunden, etwa im Sinne eines Neuaufbaus. Dem Alter entsprechende, erforderliche Modifikationen in Ausführung und Bewertung werden in der Ausbildung und Prüfung berücksichtigt.

1. Lebensabschnitt »Aufzucht« (zirka bis zur 8. Lebenswoche)

Die Grafik auf Seite 17 zeigt den Lind-art®-Ausbildungsweg. Für den ersten und in vieler Hinsicht bedeutungsvollen Lebensabschnitt sind der Züchter sowie die dort lebenden Hunde verantwortlich. Hier hat der spätere Besitzer oft wenig, nicht selten überhaupt keinen Einfluss. In der Regel wird der Welpe beim ersten Besuch ausgesucht und dann zur Übernahme abgeholt.

Leider findet man in vielen Zuchtstätten nur die Mutterhündin (oder mehrere Zuchthündinnen). Die unter diesen Bedingungen aufwachsenden Welpen haben nie ihren Vater gesehen und sie entbehren die wichtigen Sozialisierungs- und Spielmöglichkeiten mit Junghunden. Es fehlen vor allem die Einjährigen, welche in freier Wildbahn in der Erziehung und Sozialisierung der Welpen eine besondere Aufgabe erfüllen. Der Wechsel zum neuen Besitzer erfolgt, je nach Rasse, zwischen der siebten und zwölften Lebenswoche. Ideal wäre natürlich, wenn dieser Wechsel in Schritten vorbereitet würde, indem der neue Besitzer die Aufzuchtstätte vor dem Abholen mehrmals besucht.

2. Lebensabschnitt »Erste Zeit beim neuen Besitzer« (ab zirka 8. Lebenswoche)

Nach einer kurzen Zeit der Eingewöhnung im neuen Heim sollte der kleine Hund dann zur Welpenerziehung mitgenommen werden. Dort trifft er Gleichaltrige und er lernt andere Rassen und Individuen kennen. Wurde der Welpe bis zur 16. Woche wie beschrieben begleitet und gefördert, so bringt er die besten Voraussetzungen für die Ausreifung zu einem ausgeglichenen und tüchtigen Hund mit. Wenn nicht, dann sind Probleme, oft lebenslang, sozusagen programmiert. Die determinierende (vorbestimmende) Bedeutung der frühen Entwicklungs- und Lernphasen ist inzwischen weitgehend erkannt und vielerorts wird Wel-

Wenn auf allen Ebenen einfühlsam gespielt wird, profitiert der Hund davon sein ganzes Leben lang.

penerziehung in unterschiedlichster Ausprägung angeboten. Leider nicht immer ausreichend. Wo allerdings noch eine problematische Nahtstelle besteht, ist der Übergang von der auslaufenden Welpen-Spiel- und Sozialisierungsförderung zur »Aufgaben-Erziehung«. Es sei hervorgehoben, dass Aufgabenvermittlung in den frühen Lebensphasen – das gilt für Mensch und Tier – nicht mit den didaktisch-methodischen Ausbildungsprogrammen für Erwachsene eingebracht werden darf. In den voradulten (vor dem Erwachsenenalter) Entwicklungsphasen gilt es, Aufgaben-Vermittlungen erzieherisch, und zwar ganzheitlich, einzubinden. Ausbildung darf nicht zum Selbstzweck werden. (Aus ethischer Sicht wäre zu hinterfragen, ob Ausbildung überhaupt je zum Selbstzweck werden darf!) Kurz, Aufgabenvermittlung für den Welpen und Junghund ist zunächst einmal »Erziehung«. Die klassische, traditionelle Aufgabenvermittlung nahm darauf zu wenig Rücksicht. Heute, vor dem Hintergrund ethologischen und tierpädagogischen Know-hows, weiß man, worauf zu achten ist, damit die Vermittlung der klassischen Aufgaben, z. B. ›Hier‹ (bzw. ›Komm‹), ›Sitz‹, ›Platz‹, ›Fuß‹, Erziehung bleibt und nicht in den Selbstzweck abrutscht. Es kommt darauf an, Motivationen zu wecken, darauf Erwartungshaltungen aufzubauen und durch moderne Methoden die entsprechenden Verknüpfungen herzustellen.

Während das Lernen des Erwachsenen Perfektion, Effizienz, Ökonomie und Sicherheit präjudiziert, folgt Elementares Lernen dem Lustprinzip und dem Erleben und Begreifen des Phänomens. Ein Kind beispielsweise, welches noch nicht lesen kann, aber eine vorgelegte Bildgeschichte mit frei erfundenen Lauten oder mit Schlaginstrumenten »nachahmt«, macht – phänomenal gesehen – das Gleiche wie ein fertiger Virtuose, der ein Instrument nach Noten spielt. Phänomenales Lernen enthält bereits zahlreiche Koordinaten späterer, ausgereifter Tätigkeit. Elementares Tun ist daher nicht »unreif«, »unfertig« oder »vorläufig«,

sondern die spielerische, kindliche (nicht »kindische«) Form der darauf aufbauenden, späteren (erwachsenen) Ausprägung. In TEAM-Balance legen wir daher höchsten Wert auf die **phänomenale** Ausführung eines ›Sitz‹, ›Platz‹ oder ›Aus‹. Hierbei kommt es noch nicht darauf an, dass der Hund »seitlich« oder »gerade« sitzt, was immer in den einzelnen Prüfungsformen darunter verstanden wird, sondern dass und in welcher psychischen Gestimmtheit er sitzt. Man will sehen, dass der Hund die Übung freiwillig ausführt, dass er sie positiv gestimmt erwartet, dass er sie vital und engagiert ausführt, dass er dabei seinen Trainer im Auge hat und mit ihm Kontakt aufnimmt und diesen Kontakt aufrechterhält. Oder abgrenzend ausgedrückt: dass der Hund weder Langeweile noch Angst oder Unlust zeigt.

Fehler von Anfang an vermeiden: Gegen Lehrmethoden, die sich auf das Phänomen beschränken, spricht nur ein einziges Argument: Alles, was man tut, prägt und festigt. Verzichtet man im Trainingsaufbau auf formale Leistungsforderungen, so gewöhnt sich das Individuum an das, was später als Fehler angesehen wird. Umlernen ist jedoch bekanntlich schwieriger als Neulernen. Daher sollte man »Fehler von Anfang an vermeiden«. Lassen sich die Vorteile *Elementarer Phänomenalmethodik* mit dem Anspruch auf Fehlerfreiheit vereinen? Ja, das ist durchaus möglich. Den Schlüssel hierzu bietet die »sanfte Art« der »Passiven Einwirkung«. Hierzu ein Beispiel: Möchte man, dass der Hund von Anfang an »korrekt« seitlich sitzt, dann hilft man sich durch einen Stuhl oder ein anderes Objekt, welches den Hund am schiefen Sitzen hindert. Der Stuhl tut dem Hund nicht weh. Trotzdem bewirkt er die bezweckte Ausführung – wobei der Teamführer selbst passiv bleibt. Die positive Stimmung wird nicht durch Ermahnung oder Zwangseinwirkung getrübt. Passive Einwirkung als Methode lässt sich in jedem Hundealter einsetzen und bietet sich ganz be-

sonders dort an, wo man jegliche Stimmungstrübung vermeiden sollte: also bei Welpen, Junghunden und bei alten Hunden, bei kranken und verletzten, bei besonders sensiblen und bei psychisch gestörten.

3. Lebensabschnitt »Junghund« (ab zirka 16. Lebenswoche)

Die alte Lehrmeinung ging dahin, dass man die Ausbildung (man sprach von »Abrichtung«) des Hundes erst mit dem einjährigen Hund beginnen solle. Als triftigstes Argument wurde angeführt: Erst ab diesem Zeitpunkt »verträgt der Hund auch Korrekturen«, was immer man unter »Korrekturen« verstand. Auch ich habe noch vor wenigen Jahren wiederholt miterlebt, wie in manchen Vereinen Leute, die mit ihrem acht Monate alten Hund

Die Vorbereitungsstufe TEAM-Balance ist das Bindeglied zwischen Welpenerziehung und Ausbildung.

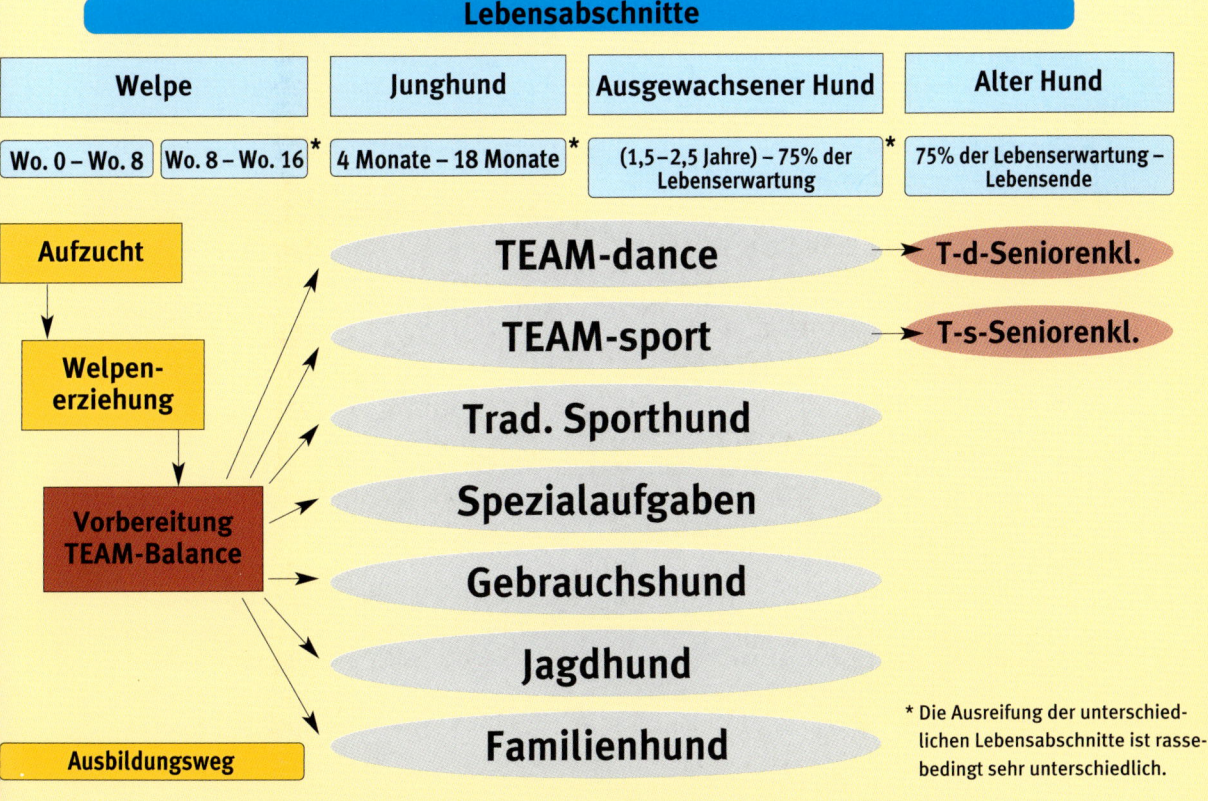

In TEAM-Balance werden Vitalität, Einsatzfreude und Durchhaltevermögen der Hunde aufgebaut.

auf den Platz kamen, wieder nach Hause geschickt wurden mit dem Hinweis, sie sollten in einem halben Jahr wieder kommen. Es ist zu hoffen, dass derartige Fehleinschätzungen bald der Vergangenheit angehören.

Angenommen, der Hundebesitzer hat sich alle Mühe gegeben, seinen Welpen in der »Früherziehung« und zu Hause zu fördern. Jetzt ist der Hund fünf Monate alt und Frau Müller meldet sich zum »Junghundekurs« an. Leider entpuppt sich dieser Gang zum Hundeplatz oft als »Sprung ins kalte Wasser«. Denn immer noch sieht man Hundeführer mit ihren Hunden beim ersten »Junghundekurs« (der diese Bezeichnung oft lediglich im Hinblick auf das Alter der Hunde verdient) stundenlang auf- und abgehen, alle gemeinsam und auf das Kommando des Trainers. Viele Hunde langweilen sich. Andere sind, mit unterschiedlichen Ursachen, überfordert, sie zeigen Konflikt-, Frustrations- oder gar Angst-Signale. In diesen veralteten Methoden ist weder Platz

für Individualbehandlung noch für sinnvollen Motivationsaufbau. Spielen wird dort oft nur als »Notbremse« eingesetzt und manche Schüler können mit der lapidaren Traineraufforderung ›Spielen!‹ so gut wie nichts anfangen.

Beginn der TEAM-Balance: Hier setzt nun das Erziehungs- und Ausbildungssegment »TEAM-Balance« ein. Der Hundebesitzer erhält die nötigen Informationen für ein artgerechtes Eingehen auf seinen vierbeinigen Begleiter, er lernt die Spielregeln im spielerischen Umgang mit dem Hund kennen, er lernt ihn verstehen und sich ihm mitteilen, er erlernt die nötigen Fertigkeiten, in unterschiedlichen Motivationsbereichen anzuleiten, er lernt, eine tragfähige Autorität aufzubauen, ohne dass der Hund Schaden nimmt, und er lernt, Aufgaben motivational zu vermitteln. Nach zwei Monaten – so lange dauert im Durchschnitt ein TEAM-Balance-Kurs – hat er gelernt, die Kriterien einer intakten und gestörten TEAM-Balance in jeder Situation rechtzeitig zu erkennen und allenfalls erforderliche Korrekturen einzubringen. Dieses Basis-Wissen, etwa zur »Motivations-Autoritäts-Balance«, ebenso wie die nötigen psychischen (z.B. Imagination = Verwandlung) und physischen (z.B. Spiel-Handling) »Fertigkeiten« dienen dem Teamführer auch für die nachfolgenden Lebensphasen seines Begleiters als wertvolles Rüstzeug. Der Übergang zur »Ausbildung« hinterlässt keine negativen Spuren und er kann in Problemsituationen immer wieder auf die Grundlagen der TEAM-Balance zurückgreifen.

Nach Abschluss der TEAM-Balance-Prüfung steht dem Team die gesamte Palette unterschiedlicher Beschäftigungsmöglichkeiten zur Verfügung. Egal, ob der Hund »nur« ein lieber, einfügsamer Familienbegleiter werden soll, ob er sich, in welcher Sportart auch immer, engagieren darf, ob er als Gebrauchshund »arbeiten« soll oder mit Frauchen oder Herrchen tanzt, überall sind die hundlichen Qualitäten, welche in TEAM-Balance aufgebaut wurden, höchst gefragt: Harmonie; Vitalität; Einsatzfreude; Führigkeit; Anpassungsbereitschaft und -fähigkeit; Durchhaltevermögen u.a. »Arbeit bleibt Spiel!« Das ist das Geheimnis, welches den Hund dann auch in der nächsten Lebensphase, im Alter, jung hält.

4. Lebensabschnitt »Erwachsener Hund« (Altersangabe problematisch)

Je nachdem, welche Kriterien man für das Erwachsenwerden annimmt, sind jeweils unterschiedliche Altersangaben relevant. In der Biologie nimmt man in der Regel die Geschlechtsreife als Kriterium des beginnenden Erwachsenwerdens. Aus biologischer Sicht ist dies sinnvoll. Stehen jedoch andere Perspektiven im Blickwinkel, etwa die ausgereifte Statur des Hundes, seine volle körperliche Leistungsfähigkeit oder sein sozialer Ranganspruch, dann treten andere Kriterien in den Vordergrund. Kriterien, welche das Erwachsenenalter zeitlich deutlich nach hinten rücken. Ein Schäferrüde ist zwar oft schon mit sechs bis acht Monaten geschlechtsreif. Seine volle körperliche Ausreifung hat er zu diesem Zeitpunkt jedoch noch lange nicht erreicht. Und seine psychische Ausreifung ist nochmals später anzusetzen. Daher ist es problematisch, in diesem Lebensabschnitt mit Zahlen aufzuwarten. Die rassebedingten Unterschiede machen das Ganze nur noch schwieriger.

Trotzdem ist dieser Lebensabschnitt im Hinblick auf Erziehung und Ausbildung längst nicht so problematisch wie die früheren oder die späten Phasen. Und es steht fest, wenn wir einmal von der strittigen Frage absehen, wann der Hund als erwachsen anzusehen ist: Für den erwachsenen Hund werden sehr viele Erziehungs- und Ausbildungs-Möglichkeiten angeboten. In sämtlichen Sportarten als auch in den Gebrauchshundedisziplinen wendet man sich folglich an den erwachsenen Hund.

Der alternde und der alte Hund

In traditionellen Sportarten hat der alte Hund in der Regel nichts mehr zu melden. Die athletischen Aufgaben, etwa den Sprung über die Steilwand, bewältigt er nicht mehr, und die Spritzigkeit des längst vergangenen Bewegungsluxus (jugendlicher Vitalitätsüberschuss) hat sich verflüchtigt. Hinzu kommen Ermüdungs- und Abnützungserscheinungen auf psychischer Ebene. Die ewig gleichen Übungen in ewig gleicher Abfolge haben die Motivation versanden lassen. Kein Wunder, dass man bei großen sportlichen Ereignissen kaum einen Hund sieht, der älter als fünf, maximal sechs Jahre alt ist. Der alte Hund hat unter diesen Bedingungen einfach keine

Auch der alte Hund liebt das Spiel: Er
braucht es ganz besonders für das Gleichgewicht zwischen Seele und Körper.

Chance mehr auf den Sieg. Das sind die Folgen
einer auf Automation, Stereotypie und Athle-
tik basierenden Wertvorstellung.

In TEAM-Balance und den darauf aufbauenden Sportarten liegen die Dinge anders. Wenn
wir vorhin von ganzheitlicher Methodik sprachen, so soll dies kein leerer Begriff bleiben. In
der gesamten Lind-art® ist die Ein- und Wert-
schätzung des alternden und alten Hundes offensichtlich. Seine sportliche Präsenz und Bedeutung ist reale Wirklichkeit.

In den neuen Sportarten TEAM-Balance und
TEAM-dance ist erstmals die »Seniorenklasse«
eingerichtet. Mit Erreichen von 75 Prozent des
durchschnittlichen Alters einer Rasse (Misch-
rassen werden geschätzt eingestuft) kann das
TEAM in der Seniorenklasse starten. Dort
sind die athletischen Aufgabenelemente elimi-
niert. Bei einer Übungsvielfalt von mehreren
hundert Übungen ist das kein nennenswerter
Verlust. Man stelle sich vergleichsweise vor,
was übrig bleibt, wenn man in der klassischen
Unterordnung das Apportieren über die Hür-
de und den Hürdensprung weglässt!

Aber viel wichtiger als die Anzahl der Übungen ist die Variabilität derselben. Gerade diese
erhält dem Hund die Motivation auch noch im
Alter. In den neuen Sportarten kann der alte
Hund nicht nur »mithalten«. Und sein Auftritt
ist kein »sportliches Gnadenbrot«! Nein, er
kann das einbringen, was er dem jungen Hund
voraus hat: Anpassungsfähigkeit, Harmonie,
Erfahrung, Anzahl der Aufgaben, Kombinati-
onsfähigkeit unterschiedlicher Elemente, Ge-
nauigkeit und anderes mehr. Wer einmal eine
Tanzvorführung mit einem alten Hund gesehen hat, weiß, wovon hier die Rede ist. Der alte
Hund kann sich in den Seniorenklassen voll
einbringen und erstaunliche Leistungen zeigen. Leistungen, zu denen ein junger Hund nie
in der Lage sein wird.

Man sieht, ein ganzheitliches Erziehungs- und
Ausbildungs-Programm hilft Probleme unterschiedlicher Lebensabschnitte zu lösen. Und
schließlich profitiert nicht nur der Hund davon, auch im Alter noch gefragt zu sein. Auch

der Hundebesitzer hat Vorteile. Der Teamführer kann mit seinem Begleiter, in dessen Ausbildung er Jahre investiert hat, vier bis sechs
Jahre länger auftreten. Er braucht sich keine
Gedanken darüber zu machen, wie er die Probleme eines zweiten Hundes, neben dem »alten«, löst. Und dass eine Hundehaltung, die
den alternden Hund nicht nur liebevoll und
fürsorglich akzeptiert, sondern ihm so lange
wie möglich sein Selbstwertgefühl erhält,
ethisch höher steht als athletische Auslese-
Ideologien, wird niemand bestreiten.

**TEAM-Balance – Bildungsmodell für jedes
Hundealter:** So viel zum Ganzheitsgedanken
in der Lind-art® und zur Bedeutung des Erzie-
lungs- und Ausbildungssegmentes TEAM-
Balance. Die *TEAM-Balance-Bildung* beginnt
streng genommen von Anfang an, also bereits
beim Züchter. Sie wird ab dem Zeitpunkt der
Übernahme durch den neuen Hundebesitzer
fortgeführt und sie bleibt erhalten bis ins hohe
Alter des Hundes. TEAM-Balance ist jedoch
nicht auf die Welpen- und Junghundezeit beschränkt. Dieses Bildungsmodell eignet sich
für jedes Hundealter, für jede Reife, für alle
Rassen und für jeden Ausbildungsstand. Es

gibt inzwischen zahlreiche Hundeführer, welche sehr erfolgreich noch mit dem alten Hund begonnen haben, ihn auf TEAM-Balance neu aufzubauen. Hätte man gleich von Anfang an diesen Weg beschritten, würde sich der Erfolg in vielfacher Hinsicht noch ergiebiger eingestellt haben. Trotzdem! Es ist nie zu spät und es ist höchst erstaunlich, wie sehr sich Hunde noch im Alter verändern können. Und letztlich nützt ein Neuanfang natürlich auch dem Teamführer, welcher auf diese Weise unersetzliche Erfahrungen sammelt, die ihm selbst und dem nächsten Hund zugute kommen.

Wie wir gesehen haben, bietet TEAM-Balance in jeder Entwicklungsphase des Hundes die Möglichkeit zur TEAM-Bildung. Besonders hervorzuheben jedoch ist TEAM-Balance als »Bindeglied zwischen Welpen- und Junghundphase«. Dort schafft sie tatsächlich optimale Bedingungen für einen idealen Übergang und erfüllt damit die Anforderungen einer »Vorbereitungs-Stufe«.

Das »Wie« im Umgang mit dem Hund

In TEAM-Balance steht das »WIE im Umgang mit dem Hund« im Vordergrund. »Wie« bedeutet für den Teamführer das »Wie« seines gesamten Umganges: unter anderem das »Wie« seiner bewussten und unbewussten Kommunikation, das »Wie« seiner methodischen Vorgehensweise (didaktisch-methodische Vermittlung). Und es bedeutet für den Teampartner

TEAM-Balance ist das »Wie« im Umgang mit dem Hund. Aus »›Platz‹ liegen müssen« wird »lauern dürfen«. Das gilt vor allem für das Erlernen. Erst dann lernt der Hund das Unterordnungs-›Platz‹.

Hund: das »Wie« des Anpassungsverhaltens, das »Wie« der individuellen Aktionen und nicht zuletzt bedeutet es den »Stimmungszustand« des Hundes: Zeigt die Ausführung Freiwilligkeit oder Druck, Freudigkeit, Unmut, Unlust oder andere Stimmungslagen?

Das »WIE der Vermittlung«

In TEAM-Balance dürfen alle Ebenen der Kommunikation genutzt werden. Der Teamführer darf also, im Prüfungsjargon gesprochen, »Hilfen« geben. Er soll sie sogar geben. Man will nicht die »fertige, perfekte« Ausführung einer Aufgabe sehen, sondern man will die praktisch-methodische Vorgehensweise beleuchten. Der Teamführer soll zeigen, dass er sich dem Hund verständlich, freundlich, motivierend, stimulierend und ausglei-

chend mitteilen kann. Die Aufgabe für den Teamführer besteht also in Balance-Akten. Es geht sozusagen um die »spielerische, harmonisierende Umgänglichkeit des Teamführers«. Formale Aufgaben haben lediglich im Hinblick auf Vergleich und Prüfung Bedeutung. Für eine vergleichende Bewertung innerhalb eines sportlichen Vergleichs oder einer Prüfung sind konforme Bedingungen unersetzlich. Grundübungen wie beispielsweise ›Sitz‹, ›Platz‹, ›Hier‹ oder ›Aus‹ werden in TEAM-Balance jedoch in vorbereitender Art und Weise, also ohne zusätzlichen (oder allenfalls mit minimalem) formalen Anspruch, vermittelt und bewertet. Einfach gesagt: Man will sehen, ob es dem Teamführer gelingt, sich dem Hund verständlich zu machen, und man will sehen, ob es dem Teamführer gelungen ist, seine Zie-

Vertrauensaufbau und Bindung wurden bisher zu wenig aus der Perspektive sensumotorischer Bedürfnisse gesehen: Das »Basis-Spiel« schafft Berührungsmöglichkeiten.

Damit der junge Hund nicht in die Konter-
leinen beißt, sollte man das Motivationsobjekt erst ohne Leinen verwenden.

le zu Zielen des Hundes zu machen. Durch die Betonung der *Phänomenausführung* wird die Gefahr der Überforderung infolge entwick-lungs- und reifungsfeindlicher Aufgabenstel-lungen weitgehend vermieden. Der Schwer-punkt liegt also nicht auf Exaktheit und auf »technischer Perfektion«, wie man im Sport und in der Physiologie sagt, sondern es geht in der Hauptsache um »Qualitäten«. Technische Perfektion ergibt nur dann mehr Punkte, wenn sie einhergeht mit einer entsprechenden Leistung auf qualitativer Ebene. Isolierte Ex-aktheit gibt keine Punkte. Und damit ist die Orientierung für Ausbilder und Teamführer klar. Gleichzeitig ist damit ein nicht zu unter-schätzender Vorschub gegen druck- und zwangsorientierte Ausbildungsmethoden ge-leistet.

Alle Weichen sind somit auf »Freiwilligkeit« gestellt! An Stelle formalistischer Unterord-nungsaufgaben treten *spielerische Übungen und Aufgaben*, und diese sollen freiwillig ge-zeigt werden. *Spielübungen* dienen einerseits dem Selbstzweck *(Spiel an sich ist in vielfacher Hinsicht fördernd)*. Andererseits vermitteln Spielübungen bestimmte, elementare Lernzie-le. Neueste Erkenntnisse unterstreichen die Bedeutung des *»Elementaren Lernens«* als Grundlage für alle darauf aufbauenden, höhe-ren Lernformen. Lernen durch Lernen! Aus diesem Grund wird in TEAM-Balance die für das Lernen unwiederbringlich kostbare Zeit früher Entwicklungsphasen genutzt. Erzie-hung und Ausbildung beginnen, wenn der Hund ins Haus kommt, und nicht nach der Prägephase oder gar nach dem ersten Lebens-

Sport und Erziehung

Da Sport und Erziehung ineinander greifen, wird in TEAM-Balance neben allgemeinen Zielen besonderer Wert auf soziale und individuelle Lernin-halte gelegt. Nicht die Begutachtung bestimmter, formaler Dressur- oder Abrichte-Leistungen wird ange-strebt, sondern man erwartet TEAM-Vorführungen, an welchen sich be-stimmte Verhaltenskriterien ablesen lassen. Unter anderem geht es um:

✔ Vertrauensaufbau und -festigung

✔ Kommunikation

✔ Animation, Stimulation und Motivation

✔ Sozialisation

✔ Entfaltung und Festigung der Individualität

✔ Einordnung

✔ Rangeinweisung

✔ Kontaktfreude: Unbefangenheit gegenüber Menschen, Artgenos-sen und Objekten

✔ Beißhemmung

✔ Motivations-Niveau und Motiva-tions-Stabilität

✔ andere Aktions-, Anpassungs- und Spielkriterien.

jahr. So bald wie möglich wird die Zeit genutzt zur Vertiefung der in der Welpenerziehung zugrunde gelegten Sozialisation als auch zur Vorbereitung späterer Aufgaben jedweder Zielperspektiven.

Wir sprachen vom »WIE der Vermittlung«. Das heißt, wir sprechen von Kommunikation – im weitesten Sinne. Verständigung mit dem Hund mittels Körpersprache, Berührung oder Akustik will jedoch gelernt sein. Und weil sich Kommunikation meist auf mehreren Ebenen – oft gleichzeitig – abspielt, lernt der Teamführer die verschiedenen Sinnesebenen zunächst einzeln und im weiteren Verlauf dann in unterschiedlicher Kombination einzusetzen. Während die traditionelle Hundeausbildung das Hörzeichen bevorzugt und visuelle Vermittlung als »unerlaubte Hilfe« ablehnt, folgen wir in TEAM-Balance den Vorgaben der Natur. Jeder Kommunikations-Kanal hat seine Bedeutung. Das Gleiche gilt für die Kombination unterschiedlicher Kanäle. In diesem Sinne dürfen Hörzeichen zwar gegeben werden; aber sie sind weder zwingend gefordert noch beschränkt sich die Kommunikation (wie in der klassischen Unterordnung) auf die akustische Ebene. Für die Erstvermittlung sind Formen der Körpersprache (Bewegung, Mimik und Gestik) zweifelsfrei zielführender als isolierte Kommandos.

Balance-Vorgänge spielen hierbei eine besondere Rolle. Immer wieder gilt es, Antagonisten und Synergisten auszubalancieren. Denken wir nur an die Balance zwischen Stimulation und Autorität *(Stim-Aut-Balance)* oder an die Balance zwischen Aktivierung und Dämpfung (Akti-Dämpf-Balance).

Spiel im »Entspannten Feld«

Spiel ist **die** Lernform schlechthin. Ohne ausreichendes Angebot an vielfältigem Spiel (in allen Lebensbereichen!) können höhere Lebewesen nicht optimal heranwachsen. Wer sich seinen Hund als »Beute-Automat« heranzieht, hat nichts von den Grundsätzen der Lind-art® verstanden. Von Anfang an ist in TEAM-Balance das dezidierte Bekenntnis zum variablen, individualiätsfördernden Spiel verankert. Spiel, in dessen Mittelpunkt nicht das

Bei Bedrohung, Angst, Hunger oder anderen Unbilden würde das freundliche Spiel, das uns hier begegnet, abrupt beendet sein.

exzessive Nutzen isolierter Trieb-Abhängigkeiten, sondern aktive, das heißt in hohem Maße im adaptiven Bereich angesiedelte, harmonische Kommunikation steht. Im Vordergrund steht die lustvoll spielerische, soziale Interaktion.

Wer allerdings Spiel mit Willkür oder »laissez faire« verwechselt, kann in TEAM-Balance nicht bestehen. Die Spielregeln einzuhalten, gehört zu den Voraussetzungen der Balance. Beides, die eben erwähnte, möglichst frei entfaltete Individualität auf der einen Seite und das »Ein-Ordnen« auf der anderen Seite, sind wesentliche Balance-Akte der Lind-art®. Freiheit und Einordnung in eine überzeugende Einheit zu verschmelzen ist sozusagen die zentrale Botschaft der TEAM-Balance.

Spielerische Vemittlung im »Entspannten Feld«

Eine weitere, fundamentale Zielsetzung ist die Spielerische Vermittlung im »entspannten Feld«. Für den methodisch-didaktischen Aufbau ergibt sich daraus die Forderung: weitestgehender Verzicht auf Druck, Schmerz, Frustration oder Meidemotivation zu Gunsten einer Ausbildung, welche »freiwillige, freudige und individuell temperamentvolle TEAM-Aktionen« hervorbringt. Die hier genannten Adjektiva wurden wohl bedacht und können zum Nachdenken anregen. »Freiwilligkeit« steht an erster Stelle, noch vor »Freudigkeit«! Auf diese Weise führen wir unser Bekenntnis der ethischen ART-Perspektive in die Praxis über. Mit dem Begriff »freudig« betonen wir das Recht des Hundes auf lustvolles Erlernen und Ausüben, und die »individuelle«, temperamentvolle TEAM-Vorführung mag uns mahnen, dass wir unterschiedliche Temperamente (rasse- und individualbedingt) berücksichtigen müssen. Weder isolierte Schnelligkeit noch das rein formale Hochsehen zum Hundeführer stellen aus pädagogischer oder sportlicher Sicht Werte dar.

Ein weiterer, wichtiger Zusammenhang wird im Ineinandergreifen von Spiel, Sport und Er-

Früh lernt der Welpe: »Beute muss man in Sicherheit bringen!« Denn die Geschwister werden alles daran setzen, ihm die Beute abzujagen.

ziehung gesehen. Daher ist in TEAM-Balance neben der Individualitätsförderung besonderer Wert auf Sozialisierung zugrunde gelegt. Der Teamführer soll weiterentwickeln, was in der Welpenerziehung zugrunde gelegt wurde: Innerartliche (Hund-Hund) und zwischenartliche (Mensch-Hund) Sozialisierung. Auch hier kann man davon ausgehen, dass dieser Punkt – ist er einmal als Bildungs- und Prüfungsziel verankert – in der Praxis auf den Hundeplätzen dann auch geübt wird. Denn wer die Prüfungen bestehen will, wird an diesen Aufgaben nicht vorbei kommen. Man kann sich davon eine bessere Verschränkung von Sozialisations- und Erziehungsqualitäten versprechen: ganz allgemein in der Hundehaltung, aber auch im Hundesport, wo diese Inhalte leider oft zu kurz kommen.

Die Vorführung

Wir haben schon hervorgehoben, dass es in der TEAM-Balance weniger auf formale »Dressur- oder Abrichte-Leistungen« ankommt, sondern auf die »Qualitäten der Mensch-Hund-Beziehung«. Und es ist nicht, wie in der traditionellen Hundeausbildung und -prüfung, vornehmlich der Hund, welcher auf dem Prüfstand steht, sondern hier wird die »Teamleistung« hervorgehoben. Das TEAM wird ausgebildet und geprüft und im TEAM erhält jeder der beiden Teampartner als Einzelner eine zusätzliche Bewertung. Die TEAM-Vorführung erhält auf diese Weise eine dreifache Zielsetzung: Zuerst einmal soll sich das Team, für welches der Teamführer die Verantwortung trägt, bewähren, zum zweiten sein Hund und nicht zuletzt er selbst.

In diesem dreifachen Anspruch traten auf einmal völlig andere Erfordernisse auf und es mussten neue Begriffe gebildet werden. In der nach und nach entstandenen Nomenklatur finden sich neben Begriffen aus der Ethologie, Pädagogik und dem Sport auch neue Worte, die im Sinne der TEAM-Balance-Zielsetzungen unumgänglich waren. Auf Seite 23 sind im Kasten einige TEAM-Qualitäten genannt, welche teils dem Teamführer oder dem Teampartner zukommen und welche für mehrere Zielrichtungen gleichzeitig gelten.

Immer wieder stehen *Balance-Vorgänge* im Vordergrund, etwa die Balance zwischen *Stimulation und Autorität*. Innerhalb der »Stim-Aut-Balance« soll gezeigt werden, »wie« der Teamführer das Stimulieren, Dämpfen und Ausgleichen bewältigt.

»Haltung und Bewegung«

Und weil es in TEAM-Balance um Gestimmtheit geht, die man ja irgendwo ablesen muss, wird auch auf »Haltung und Bewegung« (Spiegel des Innenlebens) Wert gelegt. Es ist daher nicht gleichgültig, »wie« der Teamführer und sein Partner beispielsweise gehen, »wie« sich der Hund vor, während und nach einer Aufga-be hält oder wie sich der Mensch bewegt und hält. Maßstäbe für die Bewertung bietet das Wissen aus Physiologie ebenso wie die Kriterien der Ausdrucksverhalten. Zwar braucht der Hund, solange er sich in seinem seelischen Gleichgewicht befindet, keinen Unterricht in natürlicher Haltung und Bewegung. Aber leider kommt es immer noch vor, dass Hunde aufgrund erzieherischer oder ausbilderischer Fehler psychisch Schaden leiden. Die entsprechenden Auffälligkeiten sind nicht nur für den Therapeuten, sondern auch für den Hundehalter als auch für den Trainer und Richter von Bedeutung.

Und auf der positiven Seite – wenn sich Mensch und Hund wohl fühlen und sie, im Ideal-Fall, eine geglückte Mensch-Hund-Beziehung darstellen – sind es wiederum die äußeren Kriterien von Mimik, Haltung und Bewegung (neben anderen Kriterien), an welchen die innere Gestimmtheit dechiffriert wird. Darüber hinaus tut der Mensch gut daran, sich auch auf seine Haltung und Bewegung zu konzentrieren, um nicht im Umgang mit dem Hund in neue Verspannungen und Naturverfremdungen zu verfallen. Der VORFÜHRUNG des Teams kommt daher im Vergleich zu traditionellen Ausbildungspraktiken eine erheblich erweiterte Bedeutung zu.

Obwohl die Körpersprache zur ›Sitz‹-Vermittlung hier noch Mängel aufweist (Gesamtbewegungsablauf und Handhaltungen zu verspannt), sind die Anpassungstendenzen des Hundes unverkennbar. Er verfolgt die rechte Hand, züngelt und setzt sich, und zwar ohne forderndes Hörzeichen, Berührung oder Zwangsmittel.
Auf Seite 28 sehen wir eine ausgewogene Ganzkörpersprache.

II. Kapitel

TEAM-Balance-Ablauf

Bewertung, Programm und Ablauf

 Die vielen neuen Perspektiven der TEAM-Balance setzen nicht nur in der Ausbildung, sondern auch in der Bewertung neue Maßstäbe. Anstelle der Betonung formaler Übungs-Ausführungen treten qualitative Wertkriterien in den Vordergrund.

Wie wird bewertet?

Da die Aufgabe des vorliegenden Buches mehr in der methodischen Vermittlung als in der Darstellung der Formalitäten besteht, wollen wir uns im Folgenden auf Qualitäten konzentrieren und aus dem formalen Bereich nur das Wichtigste herausgreifen. Wer TEAM-Balance prüfungsmäßig erlernen und abschließen möchte, dem sei die Prüfungsordnung TEAM-Balance ans Herz gelegt, die ständig aktualisiert wird (siehe Bezugsquellen, Seite 154). Hier findet man alles über Antrittsbedingungen, Spielregeln, Prüfungshinweise, Organisation, Urkunden, Aufstiegslegitimationen und anderes. Auch wenn jemand im Sinn hat, TEAM-Balance zwar zu üben, aber nicht prüfungsmäßig abzuschließen, so ist es doch unumgänglich, die Bewertung und die Leistungsanforderungen zu kennen. In beidem finden sich die umfangreichen Ziele in komprimierter Form wieder.

Das gesamte Prüfungs-Vorführ-Programm ist in drei aufeinander folgende Teile aufgeteilt, wobei der zweite und dritte Teil durch eine längere Pause voneinander getrennt sind. Die Aufteilung in drei Abschnitte hat folgende Vorteile: Zum einen wird die Konzentrations-

fähigkeit vor allem junger Hunde nicht überfordert, zum anderen bietet der Gesamtumfang der drei Teile genügend Raum für eine stattliche Anzahl an Aufgaben und schließlich kann sich ein Team, welches in einem der Teile situativ schlecht disponiert war, nach der Pause neu sammeln und die neue Chance vorteilhaft nützen.

Drei Haupt-Noten

Die Bewertung wird in drei *Haupt-Noten* gegeben: In *Führer-, Partner- und Team-Note*. Zum Bestehen der Prüfung muss in jeder der drei Hauptnoten mindestens die Note 3 – (3,25) erreicht werden. Die *Gesamtwertung* setzt sich aus dem Mittel der drei Hauptnoten zusammen.

Teamführer- und Teampartner-Noten sind nochmals unterteilt in Formale und *Qualitative Leistungsanteile*, wobei beide Bereiche für Mensch und Hund getrennt von je einem Juror bewertet werden. Es sind demnach gleichzeitig vier Juroren im Einsatz.

Die **Team-Note** errechnet sich aus den vier Jurorenbewertungen des ersten und zweiten Teils (Durchschnitt aus der Summe).

Eintragungs-Pausen: Die Juroren-Eintragungen erfolgen während und unmittelbar nach jeder Spielübung. Um hierfür ausreichend Zeit zu geben, findet nach Abschluss jeder Spielübung eine kurze Zäsur statt, während derer eine bestimmte (nicht bewertete) Aufgabe zu erfüllen ist oder das Team spielen darf.

Formale Leistungsanteile werden in Punkten bewertet. In der Regel wird für jedes vorgeschriebene Leistungsdetail, wenn es entsprechend gezeigt wurde, ein Punkt vergeben. Bei manchen Spielübungen wird (in Anlehnung an die Zeitvorgabe) pro Sekunde ein Punkt vergeben.

Qualitative Leistungsanteile werden in Noten bewertet. Die Abstufungen sind: »sehr gut« (1), »gut« (2), »ausreichend« (3) und »nicht ausreichend« (4). Es können Zwischennoten wie zum Beispiel 1– (=1,25), 1,5 oder 2+ (=1,75) gegeben werden. 3– (=3,25) entspricht »noch ausreichend« (noch bestanden); ab 3,3 beginnt »nicht ausreichend« (nicht bestan-

Das komplexe Bewertungssystem erlaubt es erstmals, »Leistungen« unterschiedlicher Konstellation gerecht wiederzugeben. Es gibt vier verschiedene Siegermöglichkeiten: in der Führer-Note, der Partner-Note, der Team-Note und in der Gesamtbewertung.

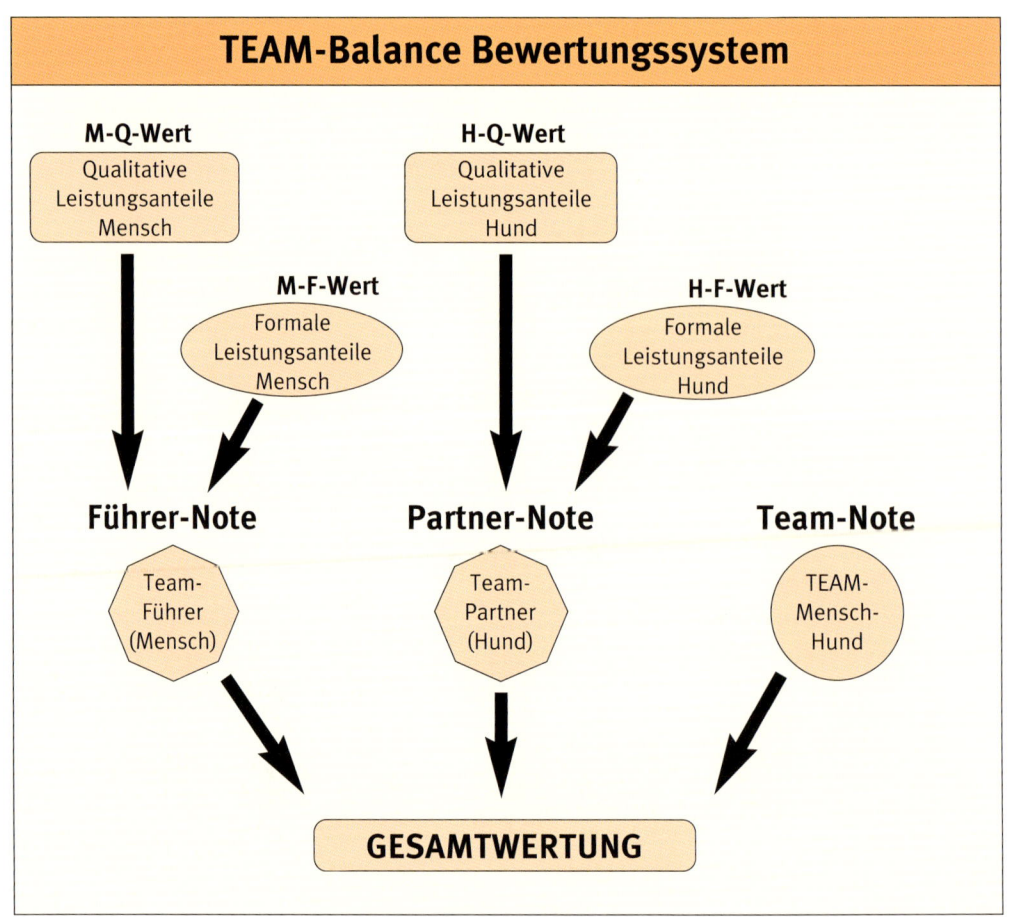

Bei Welpen gilt besonders: Immer wieder hinsetzen! Tief spielen! Kontaktsituationen anbieten!

den). Eine nicht gezeigte Übung wird mit der Note 5 (= »mangelhaft«) bewertet. Die TEAM-Note, die sich aus dem Gesamteindruck beider Partner ergibt, wird ebenfalls in Form einer Note bewertet.

Spielübungen und Detail-Aufgaben: In jeder Spielübung sind mehrere (formale und qualitative) Leistungserwartungen definiert. Jede definierte Detailaufgabe muss von den Juroren einzeln bewertet werden (das anschließende Addieren und die Berechnungen des Durchschnitts erfolgen dann mittels eigener PC-Software).

Minimalzeit und Maximalzeit: Für manche Spielübungen sind *Minimalzeiten* vorgegeben, welche um höchstens 10 Sekunden überschritten werden dürfen. Andere Spielübungen müssen innerhalb einer vorgegebenen *Maximalzeit* beendet worden sein. Es liegt im Ermessen des Teamführers, die Spielübung vor Ablauf der Maximalzeit zu beenden. Wurden alle geforderten Details gezeigt, erhält das Team die volle Bewertung.

TEAM-Note (Gesamteindruck beider Teampartner): Die *TEAM-Note* wird nicht als Mittel der *Teamführer-* und *Teampartner-Note* errechnet, sondern es wird eine eigene Note gegeben aufgrund bestimmter, formulierter Leistungserwartungen im TEAM-Bereich. Da die TEAM-Note von allen vier Juroren abgegeben wird, haben auch jene Juroren, die im *Formalen Bereich* bewerten, Gelegenheit, ihren Gesamteindruck niederzulegen.

Gesamtwertung: Die Gesamtbewertung wird aus dem Mittel der drei Hauptnoten gebildet.

Besonderheiten: Bei ausgeprägter, mangelnder Führigkeit oder anderen Auffälligkeiten (beispielsweise nicht ausreichende Unbefangenheit Personen, anderen Hunden oder Objekten gegenüber) kann die betreffende Spielübung trotz Erfüllung der in dieser Übung hervorgehobenen formalen und qualitativen Anforderungen insgesamt als »nicht bestanden« bewertet werden (zwischen 3,5 und 5). Im außergewöhnlichen Fall kann die Prüfung durch Mehrheitsbeschluss der Juroren abgebrochen werden (für den Hund in geeigneter Form!). Patt-Situationen sind ausgeschlossen, da der Juror, welcher die qualitativen Leistungserwartungen des Teamführers bewertet, zwei Stimmen erhält. Damit stehen insgesamt fünf Stimmen zur Verfügung (Stimmenthaltung ist ausgeschlossen).

Leistungserwartungen: In der Prüfungs-Stufe TEAM-Balance sind nicht wie üblich ein oder

➤ Die Abkürzungen M, H, F und Q

Um sich die Abkürzungen leichter merken zu können, sind hier anstelle der Begriffe »Teamführer« und »Teampartner« die einfachen Worte Mensch und Hund in ihrer Buchstabenabkürzung als M und H gewählt. M ist demnach die Abkürzung für den Menschen (Teamführer), H für den Hund (Teampartner), F bedeutet Formales (genau gesagt: Formale Leistungsanteile) und Q steht für Qualitatives (genau gesagt: Qualitative Leistungsanteile). Mit »M-Q« sind z.B. die *Qualitativen Leistungsanteile* des Menschen gemeint; oder mit »H-F« die *Formalen Leistungsanteile* des Hundes.

Zeigt der Hund Vorfreude auf eine Übung, so ist dies bereits als Leistung zu werten.

zwei Richter, sondern es ist ein Team von vier Juroren im Einsatz. Lohnt sich der Umstand und rechtfertigt sich der erhebliche Aufwand? Wir meinen Ja! »Das Ganze ist mehr als die Summe seiner Einzelteile«, hat schon Sokrates gesagt. Der »Leistung« einer Team-Vorführung wird man weder gerecht, indem man nur den Hund bewertet (oder auch nur vornehmlich), noch dadurch, dass man eine Bewertung für den Hund und eine für den Führer gibt und daraus das Mittel zieht. Die Gestalttheorie lehrt uns, in Sokrates' Sinne: Das Ganze ist nicht nur mehr als die Summe seiner Einzelteile, es ist gleichzeitig etwas **Anderes** als ein rechnerisches Mittel. In TEAM-Balance wurde der Versuch gemacht, diese natürlichen Gegebenheiten in die Prüfungsform einfließen zu lassen, indem beides, *Formale Leistungsanteile* und *Qualitative Leistungsanteile* zwar getrennt von verschiedenen Richtern und nochmals getrennt für Teamführer Mensch und seinen Teampartner Hund, von je einem Juror bewertet werden. Gleichzeitig jedoch gibt jeder Richter in der übergeordneten TEAM-Note seinen Gesamteindruck wieder. Konzentration auf Teilbereiche und Details auf der einen Seite und ganzheitlicher Eindruck der TEAM-Vorführung auf der anderen Seite wurden auf diese Weise gleichermaßen gewürdigt. Im Ineinandergreifen der Bewertungsebenen wurde eine durchführbare Synthese gefunden.

Zum Begriff »Leistung«

Weiter oben haben wir auf die Problematik im Umgang mit dem Wort »Führer« hingewiesen. Ebenso bedarf auch der Begriff »Leistung«

einer Erklärung. Viele unter uns sprechen das Wort »Leistung« mit einem bitteren Nebengeschmack aus, mehr oder minder begründet. Nicht wenige verknüpfen mit »Leistung« allerhand Negatives, und manche lehnen »Leistung« sogar rundweg ab. Vor jeder Bewertung sollte eigentlich die Definition stehen. Was wollen wir unter »Leistung« verstehen? Auch hier gilt: Wir sollten uns bemühen, missbrauchten und geschändeten Worten wieder Sinn zu geben. Wir sollten uns bemühen, vorurteilslos nachzudenken und die Worte wieder auszufüllen mit offenen, verbindenden und vor allem mit lebensbejahenden Inhalten.

Wenn beispielsweise ein Hund seinen Teamführer ansieht und wenn aus den vielen Details seines Ausdrucksverhaltens abzulesen ist, dass er voll Spannung und Vorfreude die nächste Übung erwartet, dann ist das zweifellos eine »Leistung«, auch wenn sie nicht so einfach zu bewerten ist wie das messbare Ergebnis eines Wettlaufs. Der Mensch neigt dazu, das, was er nicht oder nur zum Teil versteht, ebenso wie das, was er nicht dingfest machen kann, entweder zu umgehen oder sogar als inexistent abzulehnen. Aber die positive Gestimmtheit eines Lebewesens vorzuführen, ist nicht nur eine akzeptable Leistung, sie bedeutet sogar eine enorm wichtige, ja eine übergeordnete Leistung!

Jeder Ausbilder weiß, wie schwierig und langwierig es ist, eine positive Erwartungshaltung zu fördern, auszubauen und so zu festigen, dass sie trotz Ablenkungen, trotz Hitze oder Regen, zu einer bestimmten Zeit, sozusagen »auf Abruf«, sicher zur Verfügung steht. In der

Vergangenheit wurde der Fehler gemacht, Leistungen zu betonen, die messbar sind. Die Folge davon war, man hat nach messbaren Leistungen gesucht und solche, die nicht so leicht zu bewerten sind, einfach aus dem Repertoire gestrichen: »Nicht bewertbar, also unwichtig«. Heute, vor dem Hintergrund ethologischer und physiologischer Parameter, sind wir in der Lage, Verhalten erstaunlich treffend zu dechiffrieren und die Befindlichkeiten der Hunde viel besser zu verstehen. Eigentlich hätten wir uns damit befreit vom Diktat des Formalismus und von der Abhängigkeit der Messmaschinen. Die moderne Decodierung von Lebensvorgängen erfordert allerdings wesentlich mehr Wissen und differenzierte Beobachtung als beispielsweise der Check, ob der Hund beim ›Sitz‹ seinen Hintern auch wirklich ganz auf den Boden gebracht hat oder nur teilweise. Bitte nicht missverstehen! Es geht hier nicht um die Abkehr von formalen Leistungserwartungen! Ganz im Gegenteil. Eine Ausbildungsrichtung, die im Ganzen gesehen einen gewaltigen Leistungszuwachs für sich in Anspruch nimmt, muss auch in der Lage sein, der Tradition im formalen Bereich Paroli zu bieten. Aber das Hinzutreten, genau genommen die **Betonung** der »Qualitativen Leistung« folgt nicht mehr den alten, auf Positionen und Zentimetern basierenden Beurteilungskriterien, sondern sie setzt neue Maßstäbe und sie fordert neue Bewertungs-Strukturen. Die Zündkraft dieser Idee enthält ein gewaltiges Potential, was sich allein schon daran zeigt, wie stark sich die Gemüter in der »Hundlerwelt« erhitzen, wenn es um unterschiedliche Ausbildungs-Methoden geht. Der »Methodenstreit« muss wohl so etwas wie ein historisches Phänomen sein, denn wir finden ihn in allen Bereichen: in der Instrumentalmethodik ebenso wie in der Grundschulmethodik, und zwar in

jeder Generation mindestens einmal. Was jeweils übrig blieb, war das, was sich bewähren konnte. So einfach ist das. Geschichte wird zwar von den Zeitgenossen gemacht. Aber was Geschichte wird und was bleibt, das bestimmen nicht die Zeitgenossen, sondern ihre Nachfahren.

Wir können nicht mehr tun, als unseren Ideen die nötige, inhaltliche Wegzehrung mitzuge-

Höchste Konzentration beim Wegschleichen. Bewertet wird, wieweit es der Teamführer verstanden hat, Naturvorgänge überzeugend zu transferieren.

ben, neben bestandener Praxiserprobung. Was daraus wird? Einmal auf den Weg geschickt, wird sich die Idee über kurz oder lang selbst durchsetzen, wenn sie es wert war.

Die Aufstellung der folgenden Leistungserwartungen ist in mehrfacher Hinsicht ungewöhnlich. Die praktische Durchführung hat jedoch gezeigt, dass mit den neuen Begriffen und Inhalten gut umzugehen ist.

M-F-Wertung = Mensch-Formale Leistungsanteile

- Prüfungsgemäße Vorführung der Übungen (hier wird keine Qualitätsbeurteilung gegeben, sondern lediglich die formale Erfüllung in Punkten registriert!)

M-Q-Wertung = Mensch-Qualitative Leistungsanteile

- *Einfühlsamkeit*
- *Kommunikation* (Körpersprache, Stimme, Geräusche, Berührung, Blickkontakt, Bewegung, Gestik, Mimik u. a.); Variante
- *Stimulative Kommunikation*
- *Körpersprache* (gezielte Kommunikation mittels Körpersprache)
- *Animation* (Belebung der Objekte: lebensnah, hundetypisch, vielfältig, abwechslungsreich, wohl dosiert und situationsgerecht)
- *Imagination* (Verwandlungsfähigkeit des Teamführers im Spiel)
- *Natürlichkeit* (in Haltung und Bewegung)
- *Haltung und Bewegung*
- *Spannungsaufbau*
- *Spiel-Freude*
- *Spieleinleitung*
- *Spielgestaltung*
- *Spielreichtum* (Abwechslung und Vielfalt)
- *Stimulationsinseln*
- *Stimulations-Bereiche* (Auswahl: artgerecht und situationsgerecht; Kombinationen verschiedener Stimulations-Bereiche, *Stimulationsbetonung*)
- *Spiel-Appetenz* (»Lob« wird in Lind-art®

als kommunikative ›!‹ Bekräftigung bzw. Verstärkung in Vertretung eines naturhaften, sozialen Ereignisses verstanden)

- *Lob*
- *Didaktische Transformation*: Die Aufgabenstellung ist methodisch so zu präsentieren, dass sie vom Hund arteigen und lustvoll angenommen werden kann. (Beispiel: An Stelle des alten »Liegen müssen« tritt »Lauern dürfen«.)
- *Akti-Dämpf-Balance* (Aktivierung-Dämpfung-Balance)
- *Mot-Niv-Gestaltung* (gezieltes Variieren des Motivationsniveaus)
- *Stim-Aut-Balance* (Stimulation – Autoritäts-Balance)
- *Geistiger Zügel*, (ggf. Korrektur oder/und Rangeinweisung)
- **Autorität** (des Teamführers)
- *MO-Handling* (Geschicklichkeit, Reaktionsschnelligkeit u. a.)

innerhalb der TEAM-Note:

- *Entscheidungsqualität*
- *Handlungskonsequenz*
- *Korrekturgestaltung* (falls erforderlich)

H-F-Wertung = Hund-Formale Leistungsanteile

- Prüfungsgemäße Erfüllung der gestellten Aufgaben oder: Punkte für bestimmte Zeitvorgaben

H-Q-Wertung = Hund-Qualitative Leistungsanteile

- **Neugier**
- **Vertrauen** (zum Teamführer)
- *Spiel-Lust*
- *Spiel-Annahme* (Annahme des eingeleiteten Spiels)

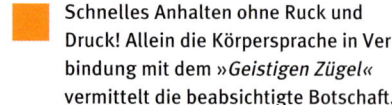

Schnelles Anhalten ohne Ruck und Druck! Allein die Körpersprache in Verbindung mit dem »*Geistigen Zügel*« vermittelt die beabsichtigte Botschaft.

Die TEAM-Note wird nach TEAM-Harmonie, TEAM-Umgang, TEAM-Individualität und TEAM-Vorführung bewertet.

➤ *Spiel-Bindung* (*Bindung des Hundes zum Teamführer im Spiel*)
➤ *Spiel-Appetenz*
➤ *Unbefangenheiten* (Menschen, Artgenossen, Objekten und der Umgebung gegenüber sowie Berührungsunbefangenheit = *Kontaktunbefangenheit*)
➤ *Freies Spiel*
➤ *Beißhemmung*
➤ *Unablenkbarkeit* (*relative Motivations-Stabilität*)
➤ *Bind-Selbst-Balance* (Balance zwischen Bindung und Selbstständigkeit)
➤ *Mot-Aut-Balance* (Balance zwischen Motivation und Autorität)
➤ *Aufmerksamkeit*
➤ *Erwartung*
➤ *Empfänglichkeit* (Annahme der Spiel- und Balance-Gestaltung)
➤ *Durchlässigkeit* (Durchführung der Spiel- und Balance-Gestaltungen)
➤ *Individuelle Entfaltung*
➤ *Engagement* (Verausgabungsbereitschaft)
➤ *Einordnung* (Spielregeltreue; Führigkeit und Rangordnung)
➤ *Begegnungsunbedenklichkeit* (Menschen und Artgenossen gegenüber)

TEAM-Note (Mensch und Hund)

➤ *TEAM-Harmonie* (im Rahmen der Freiräume, Spielregeln und Aufgaben: Spielatmosphäre, *Entscheidungsqualität* und *Handlungskonsequenz* sowie gegebenenfalls *Korrekturgestaltung*)

➤ *TEAM-Umgang* (des Teamführers mit dem Hund: ethische, ethologische und tierpädagogische Ebene)

➤ *TEAM-Individualität* (Entfaltung der Individualität beider Partner im Team)

➤ *TEAM-Vorführung* (freiwillig, motiviert, engagiert, freudig und temperamentvoll mit dem Ziel einer positiven, lebensbejahenden Ausstrahlung)

Innerhalb der TEAM-Note müssen vier Punkte berücksichtigt werden:

Im ersten Punkt wird die TEAM-Harmonie der gesamten Vorführung bewertet.

Im zweiten Punkt steht die dreifache Verantwortung des Teamführers im Vordergrund (siehe Seite 13 dreifache Bedeutung des Begriffes »art«!).

Der dritte Punkt hebt als Antagonist zum Team-Gedanken den Anspruch der Individualität hervor. Trotz gemeinsamer Aufgabenerfüllung darf die arteigene und individuelle Freiheit von Mensch und Hund (in der Gesamtheit der Vorführung) nicht beeinträchtigt werden. Der Team-Gedanke ist bewusst ambivalent interpretiert, indem das Team neben den Leistungserweiterungen der Partnerschaft gleichzeitig die Entfaltung des Einzelnen innerhalb dieser Partnerschaft fordert.

Im vierten und letzten Punkt werden die wichtigsten Kriterien zur Erfüllung der ersten drei Punkte aufgeführt; vor dem Hintergrund einer positiven, »erhaltenden« Weltanschauung.

Programmübersicht

Die hier unten abgebildete Programmübersicht gibt die einzelnen Spielübungen innerhalb der drei Prüfungsteile wieder. Den Aufbau und Ablauf dieser Spielübungen finden Sie ab Seite 45 ausführlich beschrieben.

Die Juroren

Neben dem *Prüfungsleiter*, welcher die örtliche Leitung einer Prüfung übernimmt, sind es vor allem mehrere Juroren, auf deren Schulter die Hauptverantwortung der Bewertung liegt. In den Prüfungen richten in der Regel vier, mindestens aber drei Juroren. Die Juroren wurden gleichzeitig als Lind-art®-Trainer ausgebildet

und bringen damit den so wichtigen Bezug zur Ausbildungs- und Hundehalter-Praxis mit. Die meisten Lind-art®-Trainer und -Richter sind engagierte Ausbilder. Zum Teil sind sie auch im Hundesport etabliert, führen eine eigene Hundeschule oder sind in Vereinen als Ausbilder tätig. Die Ausbildung ist umfangreich und umfasst die Teilbereiche *Ethologische Grundlagen, Human- und Tierpädagogik, Didaktik und Methodik, Unterrichtslehre und -organisation, TEAM-Balance-Programm, -Beurteilungslehre und -Praxis* sowie praktische Teile und Richterproben (analog zu den öffentlichen *Lehrproben* der Trainer auf *Lind-art®-Seminaren*).

Die Richter erhalten zur Beurteilung vorgefertigte Formulare, in welche sie ihre Eintragun-

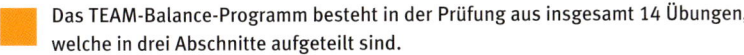 **Das TEAM-Balance-Programm besteht in der Prüfung aus insgesamt 14 Übungen, welche in drei Abschnitte aufgeteilt sind.**

1. Teil

1	**Einstimmen**
2	**Start und Basis-Spiel**
3	**Kontakt-Spiele und Beißhemmung**
4	**Grundhaltungen und Haltungswechsel**
5	**Gruppe: Drei Ablenkungen**
6	**Gruppe: Begegnungen**

Anschließend Jurorenkommentare

2. Teil

7	**2 x Stimulationsbetonung ohne MO**
8	**15 Sekunden Futter-Spiel**
9	**30 Sekunden Beute-Spiel**
10	**Zurückbringen und Beutetausch**
11	**3 x ›Aus‹**
12	**Paradeübung und ›Hier‹**
13	**»Spiel und Stopp« (Balance-Test)**

Anschließend Jurorenkommentare

3. Teil

14	**Sozialisation und Spielappetenz**

gen vornehmen: In den *Formalen Bereichen* werden Punkte, in den *Qualitaitven Bereichen* werden Noten gegeben. In jeder Spielübung sind bestimmte Leistungskriterien untergebracht. Auf diese Weise ist garantiert, dass die entscheidenden Inhalte der TEAM-Balance auch wirklich im Vordergrund bleiben und geprüft werden. Um die Beurteilung der einzelnen Details nicht zu vergessen, werden die Eintragungen noch während der Vorführung und kurz danach vorgenommen.

Das Vorführfeld

Das Vorführfeld in TEAM-Balance weist im Vergleich zu Orten, wo traditionelle Prüfungen oder Turniere abgehalten werden, mehrere Besonderheiten auf.

Was zuerst auffällt: Die Vorführfläche ist wesentlich kleiner. Gerade 16 x 16 Meter. Auffällig ist auch der 10 Meter lange und 8 Meter breite *Korridor*, welcher als *Eingang* dient und in die Vorführfläche mündet. Wozu dieser Korridor? Der Korridor versinnbildlicht den wichtigen Gang vom Auto bis zum Richter. Wer auf diesem Weg den Hund nicht entsprechend vorbereitet hat, dem steht erfahrungsgemäß auch keine besonders erfolgreiche Prüfung bevor. Der Korridor, auch im Training genutzt, unterstützt das engagierte Eintreten, gekennzeichnet durch Kommunikation, Motivation, Aufmerksamkeit und Führigkeit. Kommt der Teamführer hingegen mit einem lustlosen, nervösen oder übermotivierten Hund auf den Platz, so ist die Katastrophe in der Regel programmiert. Der Gang durch den Korridor schult den Teamführer auch im Training, die wichtige Vorbereitungszeit und -strecke voll auszukosten, um mit einem optimal »eingestimmten Hund« anzutreten. Das richtige »Einstimmen« wird zum Ritual für **beide** Partner. Und damit wären wir beim nächsten

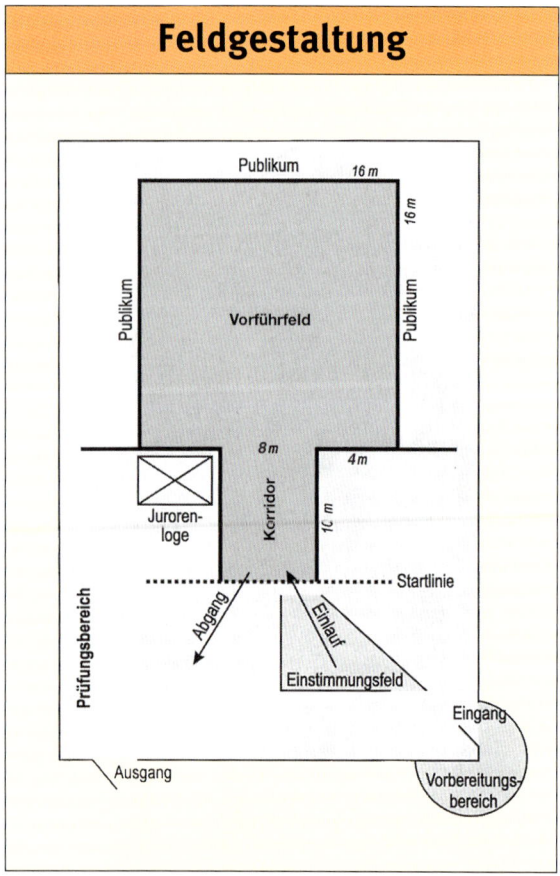

Feldgestaltung

Je nach örtlichen Gegebenheiten können der Abgang und Ausgang auch auf der gegenüberliegenden Seite liegen, was zusätzliche Zuschauerabsperrungen im Abgangsbereich erfordert.

Für die Durchführung einer Prüfung muss ausreichend Platz zur Verfügung stehen. Das Vorführfeld wird in den Maßen 16 x 16 m mittels Pflöcken und Markierungsband ausgesteckt, wobei zusätzlich ein 10 m langer und 8 m breiter Korridor den Eingang bildet. Wenn es die Örtlichkeiten zulassen, ist das Eintreten vom Auslaufen örtlich zu trennen.

Der Korridor dient als Eingang, Verlängerung, für die Freifolge und als enge Gasse für den Sozialisationstest.

Punkt. Vor dem Korridor ist ein weiteres kleines Feld ausgesteckt, in welchem der Teamführer seinen Teampartner unmittelbar vor dem Auftritt einstimmen darf.

Die vergleichsweise kleinen Feldabmessungen bieten unter anderem den Vorteil, dass das Geschehen aus unmittelbarer Nähe mitverfolgt werden kann. Das ist wichtig, denn viele Qualitätskriterien lassen sich nur an Nuancen des Ausdrucksverhaltens ablesen. Hält sich das Team in der Mitte des 16 x 16 Meter großen Vorführfeldes auf, so beträgt die Entfernung zur Jurorenloge und zu den Zuschauern nicht mehr als zirka acht Meter. Zuschauer dürfen innerhalb des zugewiesenen Zuschauerbereiches bis zur Absperrung des Vorführfeldes herantreten. Leistungskriterien wie etwa »Erwartungsverhalten«, »Kontaktunbefangenheit«, »Spiel-Lust« oder auch »Beißhemmung« an vielen Teams und aus nächster Nähe beobachten zu können, ist nicht nur für die Juroren wichtig, es bietet auch dem Zuschauer ein besonderes Erlebnis.

Der Prüfungsablauf

Die Teams kommen in Gruppen (zwischen drei und vier Teams) in den Vorbereitungsbereich, wo sie vom *Koordinator* empfangen wer-

den. Das zur Prüfung aufgerufene Team tritt in das *Einstimmungsfeld* und danach durch den *Korridor* in das *Vorführfeld*. Der Ansager geleitet das Team von Spielübung zu Spielübung. Nicht nur die Aufgaben werden angesagt. Der Ansager vermittelt auch die Minimal- und Maximalzeiten und andere Einzelheiten, die vergessen oder verwechselt werden könnten. Man will dem Prüfungs-Team keine Fallen stellen. Der Teamführer soll sich ganz auf seinen Partner und die anliegende Aufgabe konzentrieren.

Am Ende jeder Spielübung wird er aufgefordert, die Eintragungen der Juroren abzuwarten. Dem Team ist freigestellt, wie es diese kurze Wartezeit (in der Regel zirka 10 bis 20 Sekunden) verbringt: Locker am Boden sitzend, oder auch spielend, wobei auch Futter- oder Beute-MOs (Motivationsobjekte) verwendet werden dürfen. Am Ende des ersten Teils wird das Team vor die Jurorenloge gebeten. Jeder Richter gibt kurze Kommentare, wobei er sich auf die auffälligsten Punkte beschränkt. Die Statements enthalten die wichtigen Begriffe der Leistungserwartungen. Nach dem ersten Teil verlässt das Team das Prüfungsgelände und hält sich außerhalb auf, bis es wieder zur Vorbereitung und Einstimmung für den zweiten Teil aufgerufen wird. Nach der zweiten Pause folgt der dritte und letzte Teil. Nach den Bewertungsberechnungen kommen alle Teams zur Urkundenverleihung, zur Preisverteilung und feierlichen Verabschiedung auf das Vorführfeld.

III. Kapitel

Spielübungen

Spielpraxis

 Der Aufbau der Spielübungen folgt hier dem Prüfungsablauf. Für die Ausbildung ist zu berücksichtigen, dass im Sinne einer optimalen Förderung individuell vorgegangen werden sollte.

Aufbau der Spielübungen

Der besseren Übersicht wegen und für ein schnelleres Auffinden folgen wir im Ablauf den Vorgaben der Prüfung. Aus methodischer Sicht empfiehlt sich jedoch, manche Übungen gleichzeitig einzubringen. Dies gilt vor allem für die ersten drei Spielübungen: für das *Einstimmen*, die *Basis-Übung* und die *Kontakt-Spiele*. Die Basis-Übung und die Kontakt-Spiele sind methodisch als Einheit gedacht. Die Inhalte beider Spielübungen werden von Anfang an gleichzeitig vermittelt. Das (prüfungsmäßige) *Einstimmen* beinhaltet Leistungsansprüche, deren Erfüllung erst nach Wochen und Monaten zu erwarten ist.

Der hier vorgelegte Aufbau der Spielübungen wurde (mit Ausnahmen) einheitlich strukturiert. Das kommt dem praktischen Lehrwerksumgang entgegen. Wir beginnen jeweils mit der Kurzbeschreibung, gefolgt vom *Übungsaufbau*. So kann sich der Leser bereits eine Vorstellung über Ablauf und Ziele machen. Es folgt der Übungsaufbau, wobei mitunter mehrere Methoden beschrieben werden. Problembewältigungs-Vorschläge sowie alternative Zweit- und Drittwege (auch im Hinblick auf Rasse-, Reife-, Entwicklungs-, Alters- und individuelle Unterschiede) sind eingeflochten. Einmal formulierte methodische Hinweise können aus Platzgründen nicht wiederholt werden. Es liegt am Leser, die bereits behandelten Hinweise auf nachfolgende Übungen zu übertragen. Hier wird wieder einmal deutlich: Kein Buch kann den Lehrer ersetzen! Und umgekehrt: Ohne Eigeninitiative in Form von geistiger und praktischer Vorarbeit, also ohne Buch und Video, kann der beste Lehrer nur Teilerfolge bewirken.

Die prüfungsmäßige Reihenfolge der Spielübungen wurde wohl bedacht und muss mehrere Erfordernisse erfüllen, auf die wir noch zurückkommen.

Kurzbeschreibung
- Zeitrahmen (Maximal- bzw. Minimalzeit bzw. Wiederholungen)
- Ablauf (Kurzbeschreibung der Vorführung)
- Ansage (Wortlaut der Ansage)
- Kernziele (qualitative Ebene)

Übungsaufbau
- Didaktik-Methodik (in einzelnen Lernschritten)
- Alternative Zweit- und Drittwege
- Problembewältigungs-Vorschläge
- Individuelle Unterschiede

Zum Einstimmen darf der Teamführer auch Kontakt-Spiele wählen.

1 Einstimmen

Kurzbeschreibung

Zeitrahmen: Start und Einlaufen. Maximalzeit 30 Sekunden. Innerhalb dieser Zeit ist es dem Teamführer freigestellt, den Start auch vor Ablauf der 30 Sekunden nach eigenem Ermessen einzuleiten.

Ablauf: Um ausreichend Zeit für das Abholen, Auslaufen und Vorbereiten des Hundes zu bieten, wird jeweils die aktuelle und nachfolgende Team-Gruppe aufgerufen (*Team-Gruppe* = je nach Örtlichkeiten zwei bis vier Teams).

Der *Koordinator* nimmt die Teams im Vorbereitungsbereich in Empfang, prüft *Halsung, Leine* sowie *Futter- und MO-Unbedenklichkeit.* Falls dies noch nicht geschehen ist, lässt sich der Koordinator die *TEAM-Balance-Geste* vorführen und übermittelt anschließend dem Ansager Anwesenheit und Anfrage zur Freigabe. (Mittels Tafel, Flagge, Handzeichen oder Funkverbindung.)

Nach der Freigabe durch den Jurorensprecher (mittels Handzeichen) folgt der Aufruf zur *Einstimmung.* Das vom Ansager aufgerufene Team tritt in das ausgesteckte Einstimmungsfeld. Der Hund wird entweder vorher oder spätestens zu Beginn des Einstimmens auf dem Vorbereitungsfeld abgeleint. Es steht dem Teamführer frei, wie er das Einstimmen gestaltet.

Ansage

Ansage: »*Das Team mit der Startnummer X (bzw. Teamführer, Name und Name des Hundes) tritt ein zum Einstimmen – Maximalzeit 30 Sekunden.*«

Ansage: »*Zeit ab*« (»Zeit ab« bei Eintreten in das markierte Einstimmungsfeld).

Gleich zu Beginn des Einstimmens wird folgende Ansage gegeben:

Ansage: »*Nach dem Einstimmen sehen wir Start, Einlaufen und Basis-Spiel*«.

Zusätzlich wird während des Einstimmens die noch verbleibende Restzeit in Zehnsekundenschritten angesagt:

Ansage: »*noch 20 Sekunden*« – »*noch 10*« – »*Achtung, noch 5*« – »*Ende*« – bzw. bei Zeitübertretung: »*Abbruch*«.

Bei Überqueren der Startlinie folgt:

Ansage: »Start«.

Kernziele (qualitative Ebene):

Die Kernziele im formalen Bereich ergeben sich aus der Beschreibung des Ablaufs.

➤ **Kernziele Teamführer (Mensch):** *Spielatmosphäre, Kommunikation, Spielgestaltung, Stim-Aut-Balance, Spiel-Freude.*

➤ **Kernziele Teampartner (Hund):** *Entspanntes Feld, Spiel-Bindung, Empfänglichkeit (Spiel-Annahme), Spiel-Lust, Unbefangenheiten (Umgebungsunbefangenheit, Objektunbefangenheit, Berührungsunbefangenheit).*

Was die Leistungserwartungen betrifft, so kommt es den Juroren auf den Gesamteindruck an. Daher wird hier auch nur mit »bestanden« bzw. »nicht bestanden« gewertet.

Übungsaufbau

»**Geistiger Zügel**«: Eine der zentralen Schwierigkeiten im Umgang mit Lebewesen liegt darin, dass das Individuum immer in seiner Gesamtheit aufnimmt und auch als Ganzes antwortet. Dieser unumstößlichen Tatsache muss eine lebendige Pädagogik Rechnung tragen. Mit anderen Worten: Man kann nicht »erst einmal« Motivation üben und anschließend die Einordnung. Beides gehört von Anfang an zusammen. Daher üben wir mit dem Hund von Anfang an den Balanceakt zwischen Motivation und Autorität. Die Autorität des Teamführers wird durch den »*Geistigen Zügel*« vermittelt. Vorbild ist auch hier die Natur: Das Alphatier hat weder eine Leine noch andere »direkte Reizgeräte« zur Verfügung. Die geistige Autorität reicht (bis auf Ausnahmen) aus, um sich durchzusetzen.

Dies lässt sich auf dem Foto unten nachvollziehen. Die links stehende Hündin (Banja) zeigt alle Signale der Überlegenheit: Aufgerichtete Körperhaltung, selbstsicherer Blick. Mit locker heraushängender Zunge und steifen, spitz aufgerichteten Ohren zeigt sie nicht die geringste Bemühung, den Abstand zum MO zu verbessern. Sie ist sich der Beute sicher. Die Hündin in der Mitte (Asta) steht in abwartender, ein wenig verunsicherter Spielstellung. Zum Spiel ebenso bereit wie zur Flucht. Sie traut sich letztlich nicht, ihren Abstandsvorteil zu nutzen. Im nächsten Augenblick bricht sie seitlich aus und läuft davon. Der von rechts heran-

Auch unter Hunden wird Rangordnung (in der Regel) durch optische (und akustische) Signale übermittelt – gewaltfrei, ohne Einsatz von Geräten und oft, ohne den anderen auch nur zu berühren (siehe dazu auch den Text oben).

kommende Rüde (Kondor) hält respektvoll Abstand zu den Rivalinnen. Das Spiel befindet sich im »Entspannten Feld«. Diesem Beispiel folgen wir. Das Symbol unserer Autorität sind die gespreizten Finger der Hand. Das können einmal die Linke, ein andermal die Rechte oder in bestimmten Fällen auch beide Hände (*Doppelzügel*) sein.

Gespreizte Finger setzen Muskelspannung voraus. Die Hand zeigt sich dabei in einer völlig anderen Handhaltung als im normalen Umgang. Außerdem wird die Hand durch das Spreizen vergrößert, und sie wirkt wie ein Gitter (siehe Foto, Seite 50 unten). Sie symbolisiert im Verbund mit der Gesamthaltung des Teamführers unter anderem: ›Nein‹ oder ›Warten‹ oder ›Bleib‹. Wir bauen jedoch, wiederum dem Beispiel der Mutterhündin folgend (Fang der Mutterhündin wird anfangs wohltuend erfahren), den »*Geistigen Zügel*« nicht in Form einer Meidemotivation auf, sondern als lustvoll erlebbares Ereignis. Als Motivationsgrundlage wählen wir einen Vorgang, der für unseren Hund erfahrungsgemäß vorhersehbar und weitgehend gesichert scheint – etwa das tägliche Fressen oder auch ein MO. (Ist der Hund ein schlechter Fresser, ist natürlich das Fressen nicht die geeignete Wahl!)

Tägliches Fressen als Motivationsgrundlage: Angenommen, wir haben uns für das Fressen entschieden, so gehen wir folgendermaßen vor: Zur Zeit des täglichen Fütterns nehmen wir die Futterschüssel wie gewohnt in die Hand und beugen uns auf die Höhe der Hundeschnauze hinunter. Der Hund wird uns beim Anblick der Futterschüssel entgegenkommen und fressen wollen. Die Motivation ist gegeben. Bevor wir nun die Futterschüssel freigeben, setzen wir den »*Geistigen Zügel*« zwischen Schnauze und Futterschüssel. Gleichzeitig erstarren wir, halten den Atem an und gestalten den Vorgang spannungsvoll und Neugier weckend. Der Hund wird verblüfft sein. Viele Hunde sehen in dieser Situation den Hundehalter fragend an. Gleichgültig, ob

der Hund uns ansieht oder nicht, der »*Geistigen Zügel*« wird weniger als eine Sekunde lang gezeigt. Bevor der Hund irgendeine Strategie entwickeln kann, erhält er das Futter, nach Belieben in Verbindung mit einem Hörzeichen, beispielsweise ›Nimm‹ oder ›Frei‹, in jedem Falle jedoch in Verbindung eines deutlichen »*Auslösers*« (Lösen der Körperspannung, gleichzeitig zieht sich der »*Geistige Zügel*« zurück, nach Belieben auch mit begleitenden, stimulierenden Lauten).

Der Hund lernt: »*Futter gibt's nicht gleich, aber nach der spannenden Vorankündigung krieg' ich mein Futter*«. Der hier beschriebene Vorgang bedeutet für den Hund weder Frustration noch Schmerz. Im Gegenteil, schon nach zwei bis drei Tagen kann man beobachten, dass das Fressen aufgrund des zusätzlich eingebrachten Sozialspiels für den Hund interessanter wurde. Die Zeit des Wartens wird in der Folge stufenweise ausgebaut. Nach einer Woche etwa kann man die Futterschüssel schon auf den Boden stellen und in weiterer Folge kann sich der Teamführer auch vom Hund entfernen, indem er ihm gleichzeitig den »*Geistigen Zügel*« entgegenstreckt. Das Ganze lässt sich auf einen Ball oder ein anderes MO übertragen. Nach Wochen und Monaten wird der »*Geistige Zügel*« auch in anderen Situationen eingebracht. Etwa beim Sitzen oder Liegenbleiben oder

auch in Fällen, bei denen ein unerwünschtes Verhalten (Hochspringen, Fremdbeißen = Beißen in Kleider, Beine, Arm oder Hand) auftritt. Ist der »*Geistige Zügel*« ausreichend gefestigt, kann er auch bei Bedarf in einen schmerzhaften Zügel verwandelt werden. Springt der Hund beispielsweise trotz ›Nein‹ und »*Geistigem Zügel*« weiterhin hoch, dann wird aus dem »*Geistigen Zügel*« ein schmerzhafter Schnauzengriff oder ein Klaps auf die Nasenspitze, in Verbindung mit einem strengen ›Nein‹. Es dürfte klar sein, dass derartige Eingriffe die Ausnahme bilden und dass man nicht das Augenmaß verlieren darf, weder in die eine noch in die andere Richtung. Die Einwirkung darf weder zu schwach noch zu stark ausfallen.

Wir haben den »*Geistigen Zügel*« in der Übung »*Einstimmen*« untergebracht, weil es wichtig ist, von Anfang an die Balance zu halten. Der Aufbau des »*Geistigen Zügels*«, so wie hier beschrieben, dauert allerdings Monate und wird uns während der gesamten TEAM-Balance-Ausbildung begleiten.

Didaktik-Methodik: Was im Prüfungsablauf als erste Spielübung beschrieben wird, nämlich das *Einstimmen*, ist auch in der Ausbildung das erste, was das Team lernen muss. Für den Teamführer stellen sich folgende Anforderungen: Er muss in der Lage sein, ähnlich wie Kinder und Tiere, sich zu verwandeln. Das

1 Der »Geistige Zügel« wird die ersten Male weniger als eine Sekunde gezeigt.

2 Eine kurze Verblüffung reicht! Dann erhält der Hund das Futter.

3 Dies kann in Verbindung mit dem Hörzeichen ›Nimm‹ geschehen.

heißt, sich ganz ins Spiel zu vertiefen, darin aufzugehen. Wir nennen das *Imagination* – Verwandlung. Und es muss ihm gelingen, sich dem Teampartner Hund verständlich mitzuteilen, die Mitteilungen des Hundes zu erkennen und richtig zu interpretieren. Diesen Vorgang nennen wir im weitesten Sinne *Kommunikation*. *Imagination* und *Kommunikation* dienen unter anderem dazu, den Hund auf sich zu konzentrieren. Am leichtesten gelingt das im Spiel. Es liegt auf der Hand, dass wir Spiele finden müssen, welche sich nicht nur für den Menschen eignen, sondern die auch der Hund in seiner Eigenart annimmt. Am besten eignen sich Spiele, die zum Mitmachen anregen. Das Zauberwort heißt *Motivation*. Wir unterscheiden die *Motivationsbereiche*:

➤ *Bewegung*
➤ *Mimik*
➤ *Berührung*
➤ *Akustik* (Geräusche und Vokalisation)
➤ *Geruch*
➤ die wichtigen Bereiche *Futter und Beute*.

Wie das »Einstimmen« gestaltet wird, ist freigestellt. Die Teamführerin nutzt hier das freie MO-Spiel (oben).
Mit der Zeit wird der »Geistige Zügel« länger und in zunehmender Distanz gezeigt (rechts).

In der Natur spielen die Motivationsbereiche ineinander. Sie addieren sich in unterschiedlicher Potenz. Aus pädagogischer Sicht ist es enorm hilfreich, die *Isolation*, besser und richtiger gesagt, die *Betonung* einzelner Bereiche sich in der Praxis anzueignen. Wer die Bereiche betont einzusetzen gelernt hat, kennt ihre spezifische Wirkungsweise und kann sie dann besser kombinieren. Auf meinen Seminaren und in den Kursen der *Lind-art®-Trainer* lernen die Teamführer daher Schritt für Schritt, sich in den einzelnen Motivationsbereichen erst einmal im Trockentraining zu bewähren. Hierzu einige Anregungen in Stichworten.

Bewegung: Gehen und Laufen: spannungsvoll, geduckt, schnell, betont langsam, schleichend. Haken schlagen, Kreise drehen, Sprünge, schnelles Starten und Anhalten, unvermittelte Bewegungen, hoch und tief, vor und zurück, links und rechts, am Boden sitzend oder liegend usw. Dann in Verbindung nahe liegender anderer Motivationsbereiche: Verstecken, alle Bewegungen mit Geräuschen oder teils mit Berührung oder mit Futter bzw. Spielbeute.

Berührung: Zuneigungsspiele mittels Berührung: Streicheln, Kraulen, liebevolles Festhalten und Andrücken (sofern sich der Hund nicht dagegen wehrt) usw. Auch in Verbindung anderer Motivationsbereiche *(Motivationskombination)*.

Akustik: Phantasiegeräusche und Laute in allen erdenklichen Ausprägungen und unterschiedlicher Dynamik: Schnipsen, schnalzen, pfeifen, Windgeräusche (mit der Stimme nachgeahmt) usw. Vokalisation: Ansprechen mit Worten, die der Hund kennt, aber auch ohne Rücksicht auf Bekanntes, einfach nur so, wie man auch zu Menschen sprechen würde. Der Hund nimmt aus dem Gesamtangebot der Informationen einen Gesamteindruck, den er in der Regel interpretiert.

Geruch: Dieser Motivationsbereich lässt sich nur mit einigen Einschränkungen einsetzen. Vor allem bringt er den Nachteil mit, dass der Hund sich eher auf die Ursache der *olfaktorischen* (geruchlichen) Motivation konzentriert als auf den Spender. Da wir jedoch von Anfang an bestrebt sind, den Teamführer bei allen *Motivationsgestaltungen* in den Mittelpunkt zu stellen, eignet sich die Geruchsmotivation mehr für den Fortgeschrittenen und für Spiele, bei welchen verschiedene Motivationsbereiche miteinander kombiniert werden.

Mimik: Ähnlich sieht es mit der Mimik aus. Anfangs reagieren Hunde oft überhaupt nicht auf den Mimikeinsatz ihres Teamführers. Wenn jedoch Bewegung ins Spiel kommt, sind die Hunde sofort auf einem hohen *Motivationsniveau*. Im *Reifen Spiel* des fortgeschrittenen Teams drehen sich die Dinge um: Hier ist Mimik ein vortreffliches Mittel, die Konzentration des Hundes auf sich zu lenken. Es beeindruckt immer wieder, wenn sich Hunde von erfahrenen Teamführern derart fesseln lassen, dass sie durch nichts anderes abzulenken sind, obwohl der Teamführer nur ruhig dasteht und mimisch Spannung inszeniert.

Futter: Bei Futter und Beute kommt im Vergleich zu den vorher beschriebenen Motivationsbereichen ein neues Moment hinzu: das *Objekt*, kurz gesagt, das *MO = Motivationsobjekt*. Dieses kann aus Futter oder Beute bestehen. (Der Begriff MO ist einer der vielen neu geprägten Begriffe der Lind-art® und in der einschlägigen Literatur ebenso wie im täglichen Trainingsumgang inzwischen weit verbreitet. Mit dem Hinzutreten eines Objekts muss der Teamführer eine weitere Ebene verwalten, und zwar in zweifacher Zielsetzung: das Beleben des Objekts und das praktische Handling. Das ist oft schwieriger als es auf den ersten Blick scheint. Es setzt die genaue Kenntnis caniden Spielverhaltens und anderer hundlicher Verhaltensweisen voraus.

Beute: Hier gilt Ähnliches. Hinzu kommt, dass der Teamführer wissen muss, wie sich Beutetiere verhalten. Und es gibt nicht nur **eine** Beute. Jede Beuteart hat ihre eigenen Verhaltensweisen, die beim Hund heute noch (Wolfserbe) verschiedene Anpassungsweisen freisetzen. Je umfangreicher und differenzierter der Teamführer Bescheid weiß, desto größer sind seine Chancen, ein hochmotivierendes, abwechslungsreiches Spiel zu gestalten. Aber das Wissen bedeutet erst die halbe Miete. Man muss es auch umsetzen können. Meisterhaftes Handling ist gefragt. Und das hat, bei aller Verehrung vor der Begabung, noch keiner in vollem Umfang mitgebracht. Man muss es lernen und es dauert Jahre.
Üben Sie anfangs trocken, also ohne den Hund! Kommt der Hund das erste Mal ins

➤ Tipp Trockenübungen

Vergegenwärtigen Sie sich und beobachten Sie, wie sich verschiedene Beutetiere verhalten und wie sich der Hund in seinen Jagdtechniken anpasst: Flügelkranker Rabe, Katze, Schlange, Frosch, Maus, Hase, Reh u.a. Hier haben wir schon ein breites Repertoire an Trockenübungen, die sich hervorragend für das Spiel in der Gruppe eignen.

Problemlos können mehrere Bezugspersonen mit dem Hund spielen, wenn
die Regeln klar sind.

Spiel, sollte sich der Teamführer innerhalb seiner Aufgaben sicher fühlen (Imagination, kommunikative Motivation, Motivationsbereich mit entsprechenden Spieltechniken usw.). Die erste Aufgabe lautet: »20 Sekunden Individualspiel«: Mit dem Hund auf den Platz laufen, den vorher vereinbarten Motivationsbereich umsetzen und wieder hinauslaufen. Das Ganze dauert nicht länger als höchstens (!) 20 Sekunden. Aber in dieser Zeit darf der Hund kein einziges Mal wegsehen oder sich gar gelangweilt zeigen. Die *Permanente Motivation* hat Priorität. Besser nur zehn Sekunden aufmerksam als 30 Sekunden, unterbrochen durch Ablenkungsphasen. In jedem Falle sollte mit dem begonnen werden, worauf der Hund gut anspricht. Für die meisten Teams hat sich bewährt, mit dem Motivationsbereich Bewegung zu beginnen. In einer Gruppe werden wir auf diese Weise sicher unterschiedliche Motivationsbereiche sehen, da sich bestimmte Rassen besser für Bewegung eignen, andere wiederum für Jagdspiele, wieder andere für Zuneigungsspiele mittels Berührung usw.

Üben Sie täglich »20 Sekunden Individualspiel«: Diese erste Übung soll zu Hause täglich gespielt werden. Wenn es dem Hund Spaß macht, mehrmals hintereinander, und wenn es die berufliche Situation des Hundehalters erlaubt, auch öfter über den Tag verteilt. Hat der Hund mehrere Bezugspersonen, so schadet es nicht, wenn alle mit dem Hund spielen. Wichtig ist jedoch, dass der grobe Spielplan ebenso

wie die Spielregeln allen klar sind. Nicht dass einer etwas verbietet, was der andere erlaubt oder ignoriert. Kleine, individuelle Abweichungen in der Spielgestaltung bereichern den Hund. Allzu große Abweichungen, vor allem anfangs, können sich bei manchen Hunden schädlich auswirken. Das Wichtigste, worin sich alle einig sein müssen: zuerst fördern, dann fordern. In der Einstimmungsphase werden keine Aufgaben verlangt. Kein ›Sitz‹, ›Platz‹, ›Fuß‹ oder Ähnliches. Spiel um des Spiels willen! Lediglich dann, wenn der Hund über das Ziel hinausschießt, wenn er beispielsweise das Spiel an sich ziehen möchte oder wenn er aggressiv wird oder auch, wenn er Signale der Unsicherheit, Ängstlichkeit oder Überforderung zeigt, muss entsprechend gegengesteuert werden. Immer dann, wenn die *Balance* verloren geht, lautet das oberste Gebot: zuerst die Balance wiederherstellen, dann weitermachen.

Häufiges Wechseln der Motivationsbereiche: In den nächsten Aufbauschritten wechseln wir dann (sei es im Kurs oder allein zu Hause) die Motivationsbereiche von Woche zu Woche, indem wir uns jede Woche einen neuen Bereich vornehmen. Wer sich mit der jeweils neuen Aufgabe gut zurechtfindet, kann schon nach einigen Tagen beginnen, die Motivationsbereiche in einzelnen, aufeinander folgenden 20-Sekundenspielen zu wechseln oder auch Bereiche zu kombinieren. Der Teamführer wird erstaunt feststellen, wie sich sein Partner in kurzer Zeit verändert, indem das Spiel für ihn immer wichtiger wird. Es entwickelt sich eine regelrechte *Lust aufs Spiel*, verbunden mit einem wachsenden Bedürfnis zu Spielen. Man hat den Eindruck, es entwickelt sich eine Art *vitales Bedürfnis* (vitale Bedürfnisse = lebenswichtige Bedürfnisse). Manche Trainer vergleichen die dabei beobachteten Verhaltensweisen nicht zu Unrecht mit dem Bedürfnis nach Fressen oder mit Zuneigungsbedürfnissen. Der Hund braucht das Spiel immer mehr. Wir sprechen von *Spiel-Appetenz* (Spiel-Appetenz = Appetit aufs Spiel). Die Entwicklung der Spiel-Appetenz ist genetisch mitgegeben. Sie kann jedoch durch Förderung erheblich gesteigert werden. (Auf die zu erwartenden Schäden bei Förderungsdefiziten wurde bereits hingewiesen.)

Unverkennbare Anzeichen wachsender Spiel-Appetenz: Der Hund zeigt unübersehbare Signale einer hohen Motivation, wenn er das MO nur sieht oder am Teamführer abliest, dass gleich gespielt wird. Wenn er sich dann durch nichts mehr ablenken lässt, so kann man davon ausgehen, dass das Spiel bei diesem Hund zu einem nahezu unentbehrlichen Er-eignis wurde. Es muss allerdings einschränkend gesagt werden, dass die rassebedingten Unterschiede im Bezug auf Spielverhalten und Spiel-Appetenz oft weit auseinanderliegen. Wer einen Hund führt, der einer eher ruhigeren Rasse angehört, sollte nicht enttäuscht sein. Vor allem aber darf man vom Hund nicht Leistungen erwarten, für welche ihm die genetischen Voraussetzungen fehlen. In diesem Zusammenhang sind nicht nur die rassebedingten, sondern auch die geschlechtstypischen, vor allem aber die individuellen Veranlagungen zu berücksichtigen.

Einstimmen – Balance: Auch beim Einstimmen kommt es darauf an, nie die Balance aus den Augen zu verlieren. Vieles lässt sich schon im Vorhinein planen. Weiß ein Teamführer beispielsweise, dass sein Hund eher zur Übermotivation neigt und daher leicht »überbordet«, mit entsprechenden Folgen, dann ist dieser Teamführer sicher gut beraten, wenn er dem Hund vor dem Einstimmen ausreichend Auslauf bietet und bei Spielbeginn eher auf ruhigere Spielgestaltung setzt. Von dieser Warte

Bewegung zählt zu den stärksten und unmittelbarsten Motivationen. Umso wichtiger ist es, Bewegung als einen der wichtigsten Motivationsbereiche in der Ausbildung zu verankern.

aus gesehen wird er sich gut überlegen, welche Motivationsbereiche er wählt, welche MOs er verwendet, welchen Methoden er den Vorzug gibt und welche Spielgestaltung er sich ausdenkt.

Handelt es sich um einen eher antriebsstarken Hund, wird der Teamführer alles daran setzen, Motivationspotentiale freizusetzen. Hierzu bieten sich an: den Hund vor dem Training eher ruhig halten und wenig Eindrücke zulassen (vorübergehende Reizarmut), im Training selbst wenig Ablenkungen zulassen, selbst hoch engagiert spielen, für Abwechslungen sorgen und auf keinen Fall zu lange spielen. Das waren zwei Beispiele des Gegenspielerpaares Über- und Untermotivation. Ebenso wichtig sind weitere Charakteristika: Selbstsicherheit und Unsicherheit u. a.

2 Start und Basis-Spiel

Kurzbeschreibung

Zeitrahmen bzw. Wiederholungen: 40 Sekunden Maximalzeit für Start, Einlaufen und Basis-Spiel.

Ablauf: Sobald der Teamführer mit seinem Hund die Startlinie am Ende des Korridors übertritt, beginnt Übung 2 »Basis-Spiel« und die Zeit läuft. Der Teamführer geht oder läuft zum Standort des gefahrfrei aufgestellten Objektes (Tisch, A-Wand o. Ä.) und setzt sich dicht vor dem Objekt nieder. Dabei begibt sich der Teamführer je nach Größe des Hundes in eine der üblichen Sitzweisen, so dass der Hund zwischen Rücken und Objekt hindurchschlüp-

Die Teamführerin hat gelernt, das MO ohne hinzusehen zu führen. Ihre ganze Aufmerksamkeit gilt dem Hund, mit dem sie engagiert kommuniziert.

fen kann (am Boden sitzen oder Kniesitzen). Es folgen *Freie Spiele* (absichtsfreie Spiele mit oder ohne MO). Der Hund soll mehrere vorgegebene, einfache Bewegungsaufgaben zeigen. Der Hund hüpft einmal von links über ein Bein (oder über beide Beine von links), einmal von rechts über ein Bein (oder über beide Beine von rechts), schlüpft einmal von links unter einem Bein hindurch (oder unter beiden Beinen von links), einmal von rechts unter einem Bein hindurch (oder unter beiden Beinen), einmal von links und einmal von rechts hinter dem Rücken des Teamführers herum am Objekt vorbei (beispielsweise ein – gefahrfrei! – hochkant aufgestellter Tisch, eine Tonne, Bretterwand, Kiste o. Ä.).

Vorzeitiges Anbeißen sollte vermieden werden. Kommt es trotzdem vor, wird vom Team ein problemloses und zügig beendetes ›Aus‹ erwartet. Am Ende der Spielübung, während die Juroren die Wertung eintragen, darf gespielt werden.

Ansage

Ansage: »*Start*« – »*noch 40 Sekunden*« – »*noch 30*« – »*noch 20*« – »*noch 10*« – »*Achtung, noch 5*« – »*Ende*« (bzw. »*beendet*«).

Ansage: »*Bitte Juroreneintrag abwarten.*«

Während des Juroreneintrags wird die nächste Übung angekündigt.

Ansage: »*Es folgt Übung 3: Kontakt-Spiele und Beißhemmungstest.*«

Eventuelle Erläuterung: »*Spiel nach dem Vorbild balgender Welpen. Bewertet werden unter anderem spielerische Vertrauensbildung und Berührung. Der Einsatz von Motivationsobjekten – so genannten MOs, ist erlaubt.*«

Nach abgeschlossenem Juroreneintrag folgt Startfreigabe.

Kernziele (qualitative Ebene):

Die Kernziele im formalen Bereich ergeben sich aus der Beschreibung des Ablaufs.

➤ **Kernziele Teamführer (Mensch):** *Spielatmosphäre, Spiel-Freude, Kommunikation, Spielgestaltung, Stim-Aut-Balance.*

Hier gibt die Teamführerin zu verstehen: »Einladung zum Spiel«. Eine Geste, die jeder individuell gestalten kann und die mit der Zeit zum Ritual wird.

➤ **Kernziele Teampartner (Hund):** *Entspanntes Feld, Spiel-Bindung, Empfänglichkeit (Spiel-Annahme), Spiel-Lust, Unbefangenheiten gegenüber Menschen (Juroren, Prüfungsleiter, Ansager, Teamführer und Zuschauer), Umgebung, Objekte.*

Übungsaufbau

Inhalte und Methodik: Der *Basis-Übung* kommt eine ähnlich bedeutende Rolle zu wie der *Paradeübung*. Die *Basis-Übung* wurde ursprünglich mit und für Welpen entwickelt. Inzwischen wissen wir, dass sie sich für Hunde jeden Alters eignet. Da in der Basis-Übung Aufgaben enthalten sind, welche im Prüfungsablauf als eigene Punkte vorkommen, werden wir uns nicht nur auf die *Basis-Übung* beschränken.

Wichtig ist, den psychologischen Ansatz dieser Übung zu verstehen. Der Mensch nimmt seine stehende Haltung und die damit verbundene Ausstrahlung auf den Hund im Allgemeinen als selbstverständlich an. Man sollte sich jedoch vergegenwärtigen, welche Konsequenzen das Stehen für den Hund nicht nur in physiologischer, sondern auch in psychologischer Sicht nach sich zieht. Aus psychologischer Sicht ist die stehende Haltung ein Ausdruck von Überlegenheit. Je nachdem, ob ich einen ängstlichen oder einen dominierenden Hund vor mir habe, wirkt sich die stehende Haltung anders aus.

Bei dominierenden Hunden stehende Haltung geeigneter: Bei Hunden, welche nicht in der Autoritätsbalance stehen, Hunde also, die sich schwer einordnen lassen und zum Dominieren neigen, ist die Wahrung der stehenden Haltung als Ausdruck des Autoritätsanspruches sicher angezeigt. Im Normalfall jedoch oder gar bei ängstlichen, geschwächten, verunsicherten oder kranken Hunden bringt es mannigfache Vorteile, wenn der Teamführer seine Überlegenheit gezielt einschränkt, indem er seine stehende Position vorübergehend einschränkt, indem er sich setzt. Neu ist diese Erkenntnis nicht. Es ist beispielsweise bekannt, dass man Hunden, die beim Herankommen Probleme haben, hilft, indem sich der Hundeführer klein macht und in die

Hocke geht. Welche Tragweite das Phänomen der tieferen Position pädagogisch gesehen beinhaltet, wurde bislang jedoch zu wenig beachtet. In TEAM-Balance setzen wir die sitzende Position ganz gezielt in der Welpenerziehung und in den ersten Lernstufen der Ausbildung ein, und zwar nicht nur punktuell, sondern umfassend. Wir beschränken uns also nicht auf den Korrekturbereich.

»Sitzende Haltung«: Im Sitzen erscheint der Mensch nicht nur halb so groß, er wirkt auch dementsprechend. Er begibt sich sozusagen auf die Höhe des Hundes. Die Augenpaare treffen sich annähernd auf gleicher Höhe. Der Hund braucht sich nicht mehr zu verrenken, um dem Menschen in die Augen zu sehen. Und der Hund weiß natürlich genau, dass der Mensch (im Verhältnis zum Hund) »eine Ewigkeit« braucht, bis er mal aufgestanden ist und ihm, dem Hund, nachlaufen könnte. Im Gefühl der Sicherheit, sich jederzeit entziehen zu können, nähern sich scheue Hunde dem sitzenden Menschen eher. Und noch eins: Im Sitzen demonstriert der Teamführer allein schon durch die wahrgenommene Position, dass er nicht die Absicht hat, seinem Spiel-Partner nachzujagen oder ihm etwa die Beute abzunehmen. Die sitzende Position des Teamführers vermittelt also umfangreiche *Non-verbale Botschaften*. Und diese aussagekräftigen Signale vertrauensvoller Absichten haben zur Folge, dass sich Mensch und Hund auch auf psychischer Ebene näher kommen.

Innerhalb dieses Sympathie weckenden Gegenüberseins und freundlichen Aufeinandertreffens sieht der Hund seine Chancen im Spiel wachsen. Dies lässt einerseits seine Selbstsicherheit ansteigen, andererseits werden gleichzeitig neue Motivationen freigesetzt. Hinzu kommt, dass sich im Sitzen zahlreiche neue Spiel- und Handlings-Möglichkeiten anbieten. Unter anderem der Boden! Die Vorfahren des Hundes haben ihr Futter über Tausende von Jahren am Boden gefunden. Auf dem Boden wird der Beute nachgejagt, im Boden ver-

stecken sich manche Beutetiere, und am Boden hinterlässt die Beute ihren Fährtengeruch. Wenn sich der Mensch auf den Boden setzt und mit dem Hund spielt, dann kann er Futter oder Spielbeute bodennah einsetzen, womit sich ganz ähnliche Szenarien ergeben wie in der Natur. Und er kann seine eigenen Körperteile (Beine, Arme, Gesäß, Unter- und Oberkörper) einsetzen. Mit den angewinkelten Beinen lassen sich höhlenähnliche Situationen herstellen. Der Hund hat zahllose Möglichkeiten, über die Beine zu springen oder unten hindurchzulaufen. Rücken und Beine bieten unterschiedliche Formen des Versteckens von Futter oder Beute-MOs. Der Trainer kann seine MOs (oder auch die Hände) in hüpfende Bewegungen verwandeln und vieles andere inszenieren, was aus dem Spielrepertoire der Hunde bekannt ist.

Aber nicht nur die Objektspiele erfahren durch die Sitzposition Bereicherungen. Noch mehr profitieren die objektfreien Spiele von der sitzenden Haltung des Menschen. Was in stehender Haltung weitgehend unmöglich ist, gelingt im Sitzen oft wie von selbst: Die Rede ist von den Kontakt-Spielen, den Zuneigungsspielen, Beißspielen (»*Hand- und Fangspiele*«), Fellpflegespielen und anderen sozial orientierten Interaktionen. All diese Spiele eignen sich besonders für den Aufbau des Vertrauens und der Bindung.

Didaktik und Methodik: Bevor wir zum methodischen Teil übergehen, hier noch einige

1 Je nach Beweglichkeit des Teamführers und je nach Größe des Hundes eignet sich das Sitzen am Boden.

2 Auch das »Kniesitzen« wird von vielen Teamführern praktiziert.

Hinweise, zuerst zur »*Spiel-Atmosphäre*«: Spiel kann bei Tieren nur im so genannten *Entspannten Feld* stattfinden. Das Spiel ist eines der luxuriösesten Geschenke des Lebens. Wo sich der Luxus allerdings ins Gegenteil verkehrt, hört das Spiel auf: Es kann nicht aufkommen in Gefahr, bei Hunger, unter negativem Stress oder bei Angst. Jeder Züchter weiß, dass Welpen oft gerne nach dem Fressen spielen (obwohl dies aus physiologischer Sicht einige Risiken beinhaltet). Nach dem Fressen sind sie satt, gut gelaunt und daher prädestiniert fürs Spiel. Es kann nicht oft genug daran erinnert werden, im Umgang mit dem Hund immer wieder die *Spiel-Atmosphäre* sowie das *Spiel-Milieu* zu überprüfen, sämtliche Störfaktoren zu meiden und eine vertrauenserweckende und angenehme Umgebung zu schaffen. Es ist alles aus dem Wege zu räumen, was der Spiel-Atmosphäre abträglich ist. Aus diesem Grund wählen wir für die Basis-Übung anfangs das störungsfreie »Abgeschirmte Milieu« zu Hause; etwa die Küche, das Wohnzimmer oder die Garage. Zeigt sich der Hund im abgeschirmten Milieu unbefangen und frei, so kann die *Basis-Übung* im nächsten Schritt im eigenen Garten durchgeführt werden.

Spielbeginn und -ende: Eine wichtige »Spielregel«, die der Hund von Beginn an lernt, ist, Anfang und Ende des Spiels zu akzeptieren. Beides bestimmt der Teamführer. Wurde das Spiel einmal abgebrochen, so darf man dem Hund nicht nachgeben oder sich auf drängendes *Spielfordern* umstimmen lassen. Will man aus bestimmten Gründen das Spiel doch weiterführen, so sollte man warten, bis der Hund das Spielende akzeptiert hat. Nach einigen Minuten Pause steht dann einem neuen Spiel nichts im Wege.

Wichtig ist natürlich, dass man (innerhalb längerer Perioden) möglichst regelmäßig mit dem Hund spielt. Und wenn es die Umstände erlauben und beide, Teamführer und -partner, Freude am gemeinsamen Spiel finden, so sollte man mehrmals am Tag spielen – kurz und engagiert. Diese erste Phase des Basis-Spiels wird oft unterschätzt. Viele Hundehalter beginnen viel zu früh damit, Aufgaben zu vermitteln und Leistungen zu erwarten. Erinnern wir uns an den bekannten Pädagogensatz: »Erst fördern, dann fordern!« Nochmals: Zuerst steht der Aufbau des Vertrauens und der Bindung im Vordergrund. Und wenn wir von Bindung sprechen, dann meinen wir nicht nur die Bindung zum Teamführer, sondern auch die Bindung zum Spiel selbst. *Spiel-Bindung* ist ein wichtiges Kriterium der *Spiel-Appetenz*.

Unterschiedliche Sitzweisen: Welche Sitzweise man nutzt, hängt vor allem von der Beweglichkeit des Trainers und natürlich von der Größe des Hundes ab. Die folgenden Bilder zeigen einige Varianten.

Es ist sicher von Vorteil, wenn der Teamführer in der Lage ist, in mehreren Sitz- und Kniesitzweisen zu spielen, und man sollte in Kursen immer wieder verschiedene Sitzweisen üben.

Der Spielbeginn: Ist die Sitzweise klar, so können wir mit dem Spiel anfangen. Das Spiel beginnt jedoch viel früher, nämlich mit der »Spielankündigung«. Diese sollte wenigstens vorübergehend immer gleich (oder ähnlich) gestaltet werden. So entsteht ein *Ritual*, das den Hund schon vor dem Spiel in die so wichtige *Erwartungshaltung* versetzt. Oft werden bereits hier die ersten Fehler gemacht, Fehler, die sich auf die gesamte weitere Ausbildung auswirken können. Wenn der Hund nur auf das Futter sieht oder die Beute im Kopf hat und dabei am Teamführer buchstäblich vorbeisieht, dann wird aus dem Hund der

»Oben drüber«, wie es die Welpen untereinander tun. Das macht Spaß und erinnert den Hund an das Spiel mit seinen Geschwistern.

berühmte »Beutegeier« und der Teamführer bleibt uninteressant. Wir müssen von Anfang an darauf achten, uns selbst in den Mittelpunkt des Spiels zu bringen. Alle Objekte, die wir verwenden, sind nur als Hilfen gedacht, nicht mehr! Gelingt es dem Teamführer, sich ins Spiel zu bringen, so wird ihn der Hund genau beobachten. Im Idealfall nimmt der Hund an der Mimik des Teamführers (und an anderen Signalen) ab, was folgt.

Eine *Spieleinleitung* könnte etwa so aussehen: Der Teamführer steht auf, sieht zu seinem Hund, spricht ihn möglicherweise beim Namen an und macht mit eigenen Worten und viel sagenden Gesten in Verbindung hochinteressanter Mimik auf das kommende Spiel aufmerksam.

»Jetzt geht's zum Spielen«: Neigt der Hund zu Über- oder Untermotivation, so kann man durch entsprechende *Akti-Dämpf-Balance* (Aktivieren – Dämpfen) ausgleichend wirken.

Bei untermotivierten Hunden hat sich zur Motivationssteigerung vor allem der Einsatz von Bewegung bewährt. Bei Übermotivation hilft bei machen Hunden vorheriges Spazierengehen oder ein besonders behutsamer Spielbeginn. Wichtig ist vor allem, dass man ein permanent aktives Prüfen der Balance entwickelt, sozusagen eine Art »Balance-Bewusstsein«. Zum Aufbau eines Balance-Bewusstseins bewährt sich allemal ein Beobachter, welcher den Teamführer auf seine Fehler aufmerksam macht.

Nach der *Spieleinleitung* folgt der *Spielbeginn*. Auch hier empfiehlt sich, ritualisierend vorzugehen und die Konzentration des Hundes auf sich zu lenken. Angenommen, wir gestalten das *Basis-Spiel* im Raum. Wir setzen uns auf den Boden und beginnen mit dem Hund ein Berührungs- und Zuneigungsspiel. Das Spiel soll anfangs nicht zu lange dauern! Zeigt der Hund die ersten Reaktionen der Ablenkung, so sollte man noch einmal hoch engagiert, aber kurz einen Spielhöhepunkt herbeiführen und dann das Spiel abbrechen.

Erst im weiteren Verlauf bringen wir dann nach und nach die Aufgaben der *Basis-Übung* mit ins Spiel. Der Hund soll, den Kernzielen dieser Spielübung entsprechend,

➤ über die Beine springen
➤ auf den Oberschenkeln sitzen
➤ durch die Beine hindurchtauchen
➤ über die Beine rutschen
➤ über die Beine springen
➤ zwischen dem Rücken des Teamführers und einem Objekt hindurchschlüpfen (im Raum etwa eine Wand, ein Stuhl o. Ä.; auf der Wiese z. B. ein aufgestellter Tisch).

Nach einiger Zeit kann man dann zu Objektspielen übergehen und Futter sowie Beute miteinbeziehen.

Spieleinleitung mit Beute-MO: Der Teamführer steht auf, sieht den Hund an und sagt spannungsvoll: »Jetzt hol ich Dein ›Watscha-Watscha‹« (oder Quietschi oder was Sie sonst verwenden und wie Sie es bezeichnen), dann

1 Hier lernt der Hund: Lauern und abwarten bringt Erfolg. Später werden wir auf diesem Spiel das ›Platz‹-Szenario aufbauen.

2 »Unten durchschlüpfen«, auch das kennt er aus der Welpenzeit.

3 Und immer wieder sorgen Kontakte für das spürbare Gefühl sozialer Nähe.

geht er zum Schrank, wo das »Watscha-Watscha« hoch und sicher aufbewahrt wird (denn alleine darf der Hund nicht damit spielen!), holt es herunter, und zwar so, dass der Hund nicht genau sehen kann, wo es sich nach dem Herunterholen befindet. Das hat den Vorteil, dass der Trainer interessant bleibt. Der Hund weiß nie genau, wo das »Watscha« versteckt wurde. Also wird er den Trainer genau beobachten, um zu sehen, wo dieser die heiß begehrte Spielbeute herauszaubert.

Dann folgt der *Spannungsaufbau*. Darunter verstehen wir jene Phase in der Körpersprache des Trainers, welche dem Hund ein Ereignis ankündigt: Wir atmen ein, bringen *Spannung in Geist und Körper* (Imagination und isometrischer Muskelspannungsaufbau), verstärken den Blickkontakt zum Hund und beginnen dann mit einer ruckartigen Bewegung, nach Belieben verstärkt durch Geräusche oder Worte, ein *Freies Beute-Spiel*.

Was hier beschrieben ist, ist die Gestaltung eines *Auslösers*. Spannungsaufbau und Auslöser sind wichtige Elemente, welche aus dem Jagd-Spielrepertoire der Welpen stammen und welche auch bei der Jagd in freier Wildbahn aufgrund ihrer regulativen Bedeutung zahlreiche Instinkthandlungen auslösen. Den Auslöser wird der Hund höchstwahrscheinlich mit einem Sprung beantworten. Es folgt darauf ein *Freies Spiel*, wobei dem Teamführer nie die *Balance* entgleiten darf. Balance auf allen Ebenen: Balance zwischen Autorität und Entfaltung, zwischen Aktivierung und Dämpfung, zwischen ruhigeren und hochaktiven Spielphasen (sowie andere Balancegestaltungen, siehe »Leistungserwartungen«, Seite 33).

Problembewältigung

Angesichts unzähliger Problemmöglichkeiten können wir hier nur einige allgemeingültige Ratschläge geben. Die entsprechenden Rehabilitationsprogramme gehören in den unmittelbaren Schulungsbereich. Ein Buch kann das nicht leisten.

Was man immer wieder antrifft, sind Balancemängel im Motivations- und im Rangordnungsbereich. Leider gibt es nicht wenige Hunde, die in beiden Bereichen aus der Balance gefallen sind. Meistens ist der Teamführer selbst dafür verantwortlich. Und oft weiß er nichts oder zu wenig über seine Fehler. Und dann gibt es noch die Uneinsichtigen, die den Fehler immer beim Hund suchen und von Selbstkritik nichts wissen wollen.

Bei Balancemängeln lautet das oberste Gebot: »Balance wiederherstellen, erst dann weitermachen!« Das ist allerdings einfacher gesagt als getan. Meistens lassen sich Balanceverluste nur durch ein betont konsequentes und geduldiges Vorgehen in kleinen und kleinsten Lernschritten wieder gutmachen. Ein einziger Rückfall kann Monate harter Korrekturarbeit erneut zunichte machen.

Daher nochmals der Rat, wenn die Balance weit aus dem Ruder läuft, sollte man einen Tiertherapeuten aufsuchen oder sich durch erfahrene Hundeausbilder beraten lassen. Leichte Mängel im Hinblick auf Spielbereitschaft lassen sich in der Regel mit einigen zielführenden Maßnahmen beheben.

Man trifft immer wieder auf Hundehalter, die der festen Meinung sind, ihr Hund lasse sich nicht motivieren. Dem ist entgegenzuhalten, dass ein derartiger Hund nicht lebensfähig wäre. Jedes höhere Lebewesen braucht, um physisch gesund zu bleiben, Lusterlebnisse, und diese wiederum sind ohne Motivationen undenkbar. Worauf es ankommt, ist, herauszufinden, was dem Hund Spaß macht – worauf er anspricht. Allgemeine Spielablehnung kommt selten vor. Aber es gibt sie. Nur liegt dann die Ursache meist nicht in der *Spielunfähigkeit* des Hundes, sondern in irritierter Rangordnung, in Dominanzverhalten oder der Hund hat Ängste. Bei mangelhafter Spielbereitschaft hilft oft der Umgebungswechsel, beispielsweise von der gewohnten Wohnzimmer- oder (manche Hundehalter bevorzugen auch die Garagenumgebung) zu einer Umgebung in freier Natur. Auch der Wechsel des Motivationsbereichs oder des MOs kann oft Wunder wirken. Ein weiterer Tipp: *Distanzvergrößerung*.

Distanzvergrößerung

Manche Hunde gehen einfach nicht aus sich heraus, weil sie in Hundehalternähe (mitunter versteckte) Ängste haben. Manche Hunde haben sichtbar Angst vor Männern, andere vor Frauen oder vor Kindern. Die Ursachen für Angstverhalten gehen oft auf Erfahrungen in der Prägungsphase zurück. Ist eine Rekonstruktion, beispielsweise bei einem Hund aus dem Tierheim, nicht mehr möglich, so fällt die Rehabilitation entsprechend schwerer. Vielfach werden die angstauslösenden Signale von der Hand des Hundehalters vermittelt. Das wirkt sich auch aufs Spiel aus. Denn Futter und Beute-MOs werden in der Hand gehalten, und die Hand bringt sie näher.

Bindet man das Futter- oder Beute-MO jedoch an Schnur und »Angel«, dann entsteht im Spiel ein Abstand von ein bis zu vier Metern, was in der Regel ausreicht, um dem Hund seine Sicherheit wiederzugeben. Aber die Angel bringt auch noch andere Vorteile mit. Ein gut riechendes Futterstück am Ende der Schnur

Mithilfe einer Angel kann die Distanz zum Futter- oder Beute-MO vergrößert werden, dann entsteht im Spiel ein Abstand von ein bis zu vier Metern. Dies reicht in der Regel aus, um dem Hund seine Sicherheit wiederzugeben.

hat schon so manchen vermeintlichen »Spielmuffel« zum Wettläufer werden lassen, siehe dazu auch den Tipp unten.

Dominanzprobleme im Spiel

Ist die »Spielablehnung« auf Rangordnungsprobleme oder Dominanzverhalten zurückzuführen, so kommt man oft an körperlich spürbaren Maßnahmen nicht vorbei. Es wäre falsch, wollte man Meidemotivation von vornherein und im Ganzen ablehnen! Oft hilft eine einzige Maßnahme, um das Dominanzgebaren eines Hundes, der bei Spielaufforderung die kalte Schulter zeigt (was nicht selten vom Hundehalter völlig falsch als Spielunfähigkeit interpretiert wird) zu vereiteln. Natürlich kann und soll man keinen Hund zum Spiel zwingen. Es geht darum, das Dominanzgebaren zu entlarven und durch eine Unterordnungs-Forderung (hier trifft das Wort **Unter**-Ordnung zu!) zu unterbrechen. Meist ist mit der Unterbrechung gleichzeitig die Beendigung des Dominanzverhaltens zu beobachten. Falls nicht, sind einige aneinander gereihte Unterordnungs-Forderungen nötig oder man weicht auf andere Methoden aus, etwa auf Frustration.

➤ Tipp Spielbereitschaft

Bei mangelnder Spielbereitschaft kann eine Distanzvergrößerung zwischen Hund und Futter-MO helfen: Binden Sie beispielsweise ein gut riechendes Futterstück an eine »Angel« (siehe Abbildung, Seite 61). So werden Sie erleben, wie schnell Sie Ihren Vierbeiner zu einem Spiel motivieren können. Mit zunehmender Sicherheit des Hundes hält man dann die Angel immer kürzer, lässt sie schließlich ganz weg und spielt nur noch mit dem MO an langer Schnur, wobei die Hand immer näher an das Ende wandert.

Ablenkung hilft bei der beschriebenen Spielverweigerung leider nur in seltenen Fällen. Zu oft hat der Hundehalter gerade dieses Mittel versucht: Der Hund steht ruhig da und sieht zu, wie Frauchen oder Herrchen, völlig irritiert und hilflos, ein MO durch die Luft schleudert: »Bitte spiel doch endlich mit mir!« Doch der Hund spricht nicht darauf an. Noch mehr, er genießt die Hilflosigkeit seines Herrchens, denn dieser gibt ihm (in dieser Situation) den besseren Rang, womit sich für den Hund ein Lusterlebnis ganz besonderer Art verbindet. Er bestimmt das Spiel, das darin besteht, nicht mitzuspielen. Und dieses Lustgefühl holt er sich wieder – in *Selbstbelohnung*.

Manche (besonders intelligente!) Hunde haben sich darauf spezialisiert, den Hundehalter zweimal reinzulegen: Sie spielen ganz kurz, holen sich das MO oder Futter, laufen davon, werfen es in sicherem Abstand auf den Boden: »Hol Dir's doch, wenn Du kannst!« – Kommt Herrchen dann näher, nehmen sie das MO wieder auf, laufen davon oder in engen Kreisen um den Halter, oder sie stoppen kurz vorher ab, um sich wieder zu entfernen. Dann, von einer Sekunde auf die andere, lassen sie das MO fallen und interessieren sich für alles andere, nur nicht fürs Weiterspielen. Und wenn Sie noch so engagiert den Ball entgegenstrecken, der Hund demonstriert: »Wenn ich nicht will, läuft gar nichts. Ist das klar?!«

Der zweite Teil des beschriebenen Szenarios kann, vor allem bei jungen Hunden, durchaus auf eine starke Ablenkung mit nachfolgender Neuorientierung zurückzuführen sein. Aber es kann auch, wie gesagt, das raffinierte Spielgebaren eines dominierenden Hundes sein.

Eine weitere Ursache für Spielverweigerung geht auf Erfahrungen in der Prägephase zurück: Es kommt vor, dass ältere Hunde einen jüngeren dominieren, indem sie ihm »verbieten«, etwa mit Objekten zu spielen. Dieses »Verbieten« kann bis zu Beschädigungsbissen führen und traumatische Folgen haben. Derart geprägte Hunde spielen oft im Verlaufe ihres Lebens nicht mehr.

■ Berührungsspiele (oben und links) können als eher ruhige, freundliche Zuneigungsspiele oder auch als temperamentvolles Balgen und Knuddeln auftreten.

3 Kontakt-Spiele und Beißhemmung

Kurzbeschreibung

Zeitrahmen bzw. Wiederholungen: Maximalzeit 30 Sekunden.

Ablauf:

➤ **a) Kontakt-Spiele:** objektfreie Kontakt-Spiele = den innerartlichen Pflege-, Zuneigungs-, Beiß- und anderen Berührungsspielen nachgeahmte Spiele zwischen Teamführer und -partner, z. B. Schnauzen-, Lefzen- und Kopf-Berührungen, Streicheln, Balgen, Knuddeln, Wälzen, Schmusespiele u. a. – Wechsel oder Kombination verschiedener Spielformen sind erlaubt. Die Spiele sind dem Hund anzupassen. Der Beißhemmungstest darf nach Belieben in das Spiel integriert oder auch anschließend gezeigt werden.

Vorsicht! Beißspiele sind rasse- und individualbedingt und oft nicht zur Vorführung geeignet. Gegebenenfalls ist auf die alternativen Pflege-, Zuneigungs- und auf andere Berührungsspiele auszuweichen. Die Beißhemmung muss jedoch in jedem Fall gezeigt werden (die Hand zweimal in den Fang des Hundes legen).

➤ b) **Hand- und Fangspiele:** Hand und Fang-Spiele dienen der zwischenartlichen Kommunikation und Sozialisation sowie der Vertrauensbildung und dem Aufbau der Beißhemmung.

➤ c) **Beißhemmungstest:** Zweimaliges, spielerisches Einlegen der Hand in den Fang bei ausgeprägter Beißhemmung. Dieser Teil kann in die Kontakt- oder in die Hand-

und Fangspiele integriert werden. Bei älteren Hunden kann der Teamführer die gesamte Übung im Stehen und in entsprechender Modifikation gestalten: Schubsen, Anschmiegen, Andrücken, Wegdrücken, Spielbeißen in Form von Hand- und Fangspielen u. a.

Bei Hunden, die auf objektfreie Spiele und Kontakt-Spiele nur schwer ansprechen, empfiehlt sich der Spielaufbau aus der Bewegungsstimulation: gemeinsames Anlaufen, Bewegungsvarianten einbringen und anschließend übergehen zu den oben beschriebenen Kontakt-Spielen und dem Beißhemmungstest. Eventuell aufkommende Aggression und Dominieren sind zu vermeiden bzw. aufzufangen oder abzuwenden. Beispielsweise durch »Stim-Aut-Balance« (Balance zwischen Stimulation und Autorität, sprich geforderter Unterordnung) oder durch »Akti-Dämpf-Balance« (Balance zwischen Aktivierung und Dämpfung, d.h. durch Vermehren oder Reduzieren der Stimulation); gegebenenfalls auch durch Verhaltenskorrektur und Rangeinweisung.

Sollte der Hund der Spieleinladung trotz Bewegungsstimulation nicht folgen, ist auch der kurzzeitige Einsatz von Futter- oder Beute-MOs erlaubt. Dies führt allerdings zu deutlicher Bewertungsminderung.

Ansage:

Ansage: »Start« – »noch 30 Sekunden« – »noch 20« – »noch 10« – »Achtung, noch 5!« – »Ende« (bzw. vorzeitig »beendet«).

Der Teamführer drückt das Knie sanft in die Flanke des Hundes, während er gleichzeitig mit der Hand auf der gegenüberliegenden Seite dagegen drückt. Dieses vom Autor entwickelte Kontakt-Spiel wurde dem Andrücken der Hunde nachgeahmt. Man sieht auch bei diesem Kontakt-Spiel das typische Verhalten des Hundes, welcher den Druck durch Gegendruck erwidert und gleichzeitig nach hinten sieht.

Kontakt-Spiele zwischen Teamführer und -partner sind in allen Haltungen möglich: im Sitzen, Liegen und Stehen.

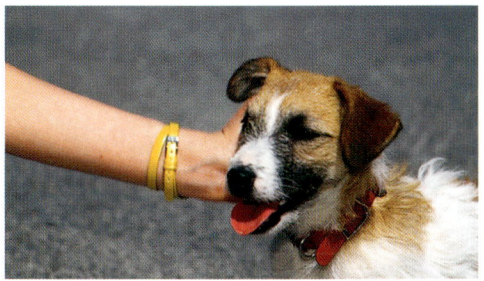

Ansage: »*Bitte Juroreneintrag abwarten.*«
Während des Juroreneintrags wird die folgende Übung angekündigt:
Ansage: »*Es folgt Übung 4: Grundhaltungen und Haltungswechsel: ›Sitz‹, ›Platz‹, ›Steh‹, ›Halt‹.*«
Eventuell folgende Erläuterung: »*Bewertet wird der Umgang mit dem Hund innerhalb der kommunikativen Vermittlung der Grundhaltungen, nicht die formale Ausführung.*«
Nach abgeschlossenem Juroreneintrag folgt Startfreigabe.

Kernziele (qualitative Ebene)

➤ **Kernziele Mensch:** *Einfühlungsvermögen, Stimulative Kommunikation, Spielgestaltung, Akti-Dämpf-Balance, Stimulations-Bereichswahl* (ggfl. *Bereichs-Wechsel*).

➤ **Kernziele Hund:** *Spiel-Annahme, Kontaktunbefangenheit, Einordnung (Spielregeltreue), Individuelle Entfaltung, Beißhemmung.*

Übungsaufbau

Inhalte und Methodik: Im Prüfungsablauf der TEAM-Balance ist den *Kontakt-Spielen,* den Hand- und Fangspielen und der *Beißhemmung* eine eigene Übung gewidmet. Obwohl diese drei Übungen aus methodischer Sicht an den Anfang der TEAM-Bildung gehören, stehen sie im Prüfungsablauf erst an zweiter Stelle. Das hat folgenden Grund: Kontakt-Spiele setzen in der Regel ein deutlich niedrigeres Motivationsniveau frei als beispielsweise Bewegung oder Beute-Spiele. Zu Beginn der Prüfung, wenn das Team hereinläuft, benötigen jedoch die meisten Hunde eine starke Stimulation. Nur so lässt sich vermeiden, dass sie sich ablenken lassen durch die Eindrücke ungewohnter Umgebung und den Anblick vieler Zuschauer. Die Basis-Übung an den Anfang zu stellen, hat noch einen anderen Hintergrund: In dieser Übung ist es dem Teamführer freigestellt, welche Motivationsbereiche, welche MOs und welche Motivationstechniken er wählt. Auf diese Weise wurden annähernd gleiche Eintritts-Chancen für alle Rassen und Charaktere geschaffen. Denn manche Hunde neigen zur Übermotivation, andere wieder sind eher schwer zu motivieren. Bei einheitlicher Aufgabenvorgabe wäre jeweils eines der beiden Temperamente benachteiligt.

Zur Körperhaltung: Grundsätzlich bieten sich Haltungen im Stehen, Sitzen, Knien, Kniesitzen und am Boden liegend an. Im Stehen sind Berührungen teilweise eingeschränkt. Die vielen Kontaktmöglichkeiten des Balgens, Rutschens oder »Obendrauf« sind durch die senkrecht stehenden Beine und den Rumpf nahezu ausgeschlossen. Am Boden sitzend bieten sie sich hingegen förmlich an: Sie »passieren« wie von selbst. Mit den Händen auf Fanghöhe und auf annähernd gleicher Augenhöhe tut sich der Mensch um vieles leichter, dem Hund so zu begegnen, wie dieser es von den Welpenspielen her kennt. Darüber hinaus bietet das Sitzen viele Möglichkeiten unterschiedlicher Berührungen. Wetterbedingungen und Bodenbeschaffenheit erlauben es aber oft nicht, sich hinzusetzen. Da ist man dann froh, wenn man auf die Kontakt-Spiele in stehender Haltung zurückgreifen kann.

Beißspiele

Hunde untereinander

✔ Kopfheben

✔ Spielbeißen (ins Hinterteil, in die Rute, in die Flanken)

✔ Niederdrücken

✔ Vorderpfoten heben

✔ Nackenbeißen (auch in Verbindung mit Schütteln)

✔ Hochspringen und/oder Klammern (mit einer oder mit beiden Vorderpfoten)

✔ Spielaufreiten

✔ Abwehr auf dem Rücken liegend

✔ Spielschnappen (mehr oder weniger schnell und aufeinanderfolgend)

✔ Verteidigen einer Höhlen- oder Hügelposition

Im Stehen konzentrieren sich Kontakte auf Handaktionen und auf Aktionen der Beine, unter anderem das Anschmiegen, Andrücken und Wegdrücken. Dies sind wichtige Kontaktformen aus dem Repertoire canider Berührungsspiele, und sie lassen sich vom Menschen in stehender Haltung gut durchführen.

Vertrauensaufbau von Anfang an: Für den Vertrauensaufbau spielt die Berührung eine unersetzliche Rolle. Es ist bekannt, dass Kinder, die in ihrer Frühentwicklungszeit ein Defizit an körperlicher Berührung erfahren haben, oft psychische Schäden erleiden, die mitunter lebenslang nachwirken. Berührungsspiele haben den Vorteil, dass sich der Hund auf den Teamführer konzentriert. Futter- und Beute-Spiele lenken oft vom Teamführer ab. Hinzu kommt: Soziale Berührungsspiele verbinden, sie wirken sichtbaren sowie unterschwelligen Konflikten entgegen und fördern insgesamt die Bindung. Man darf nicht vergessen, dass Hunde ein ausgeprägtes Distanzverhalten mitbringen. Berührung jedoch setzt Nähe voraus. Das heißt, Berührungsspiele bieten bereits im Vorfeld das Einüben in Richtung problemfreier Annäherung. Auch wenn ein Hund an Kontaktproblemen leidet, wirken sich Berührungsspiele (fachgerechte Vermittlung vorausgesetzt) desensibilisierend aus. Der Hund erfährt in vielen Wiederholungen, dass die Nähe seines Herrchens oder Frauchens soziale Geborgenheit mit sich bringt. Das lenkt von Angstgefühlen ab, welche auf diese Weise nach und nach in den Hintergrund treten.

Argumente für den Beginn mit Berührungsspielen: Aber es sprechen noch weitere Argumente dafür, im Hinblick auf Vertrauensaufbau mit Berührungsspielen zu beginnen und Objektspiele erst dann einzusetzen, wenn die Bindung ebenso wie die wichtigsten Sozialverhaltensweisen ausreichend grundgelegt wurden. Objektspiele, mit Einschränkungen auch Futter-Spiele, setzen (je nach Spielgestaltung) Motivationspotentiale aus Jagd und Bewegung frei. Beides sind hoch potenzierte Motivationsquellen, mit denen nicht leicht umzugehen ist. Viele meinen zwar, spielen sei etwas derart Selbstverständliches, dass man es nicht lernen müsse. Aber diese Ansicht basiert auf Unkenntnis. Richtig spielen stellt hohe Anforderungen an den Spielleiter: Das erforderliche Wissen in Bezug auf hundliches Verhalten ist umfangreich. Und es bedarf der Fähigkeiten der Imagination, der Animation und die Spielgestaltung. Das Ganze unter Berücksichtigung aller Motivationsbereiche. Selbst bei überdurchschnittlicher Begabung und entsprechendem Engagement dauert es Jahre, bis man Spielen meisterhaft gelernt hat. Nicht immer, aber oft bringt der Umgang mit Objekten (MOs) zusätzliche Probleme. Bei Handlingsproblemen oder wenn der Hund bei MO-Spielen das entspannte Feld verlässt, wenn er beispielsweise aggressiv wird oder wenn er im MO-Spiel zu dominieren beginnt, dann ist es mitunter besser, MO-Spiele vorerst zurückzustellen. Hier empfiehlt sich, die »Stimm-Aut-Balance« in anderen Spielformen wiederherzustellen, um dann Objektspiele anschließend behutsam einzuführen.

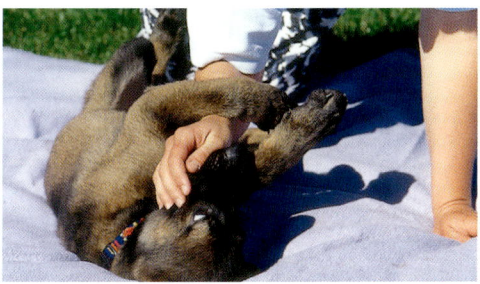

Im Welpenalter lernt der Hund die Beiß-hemmung. Er muss sie im Kontakt mit Menschen ein zweites Mal lernen. In TEAM-Balance wird der Aufbau einer sicheren Beißhemmung stufenweise vermittelt.

Kontakt-Spiele: Sie können, wie gesagt, die verschiedensten Formen annehmen. Im Folgenden finden Sie eine kurz gefasste Übersicht von Verhaltensweisen in den Spielformen *Spielbeißen* und *Sozialkontakte*. (Spielbeißen ist natürlich auch ein Sozialkontakt, jedoch mit besonderer Betonung.) Beides sind Spielformen, die sich zum Teil sehr gut imitieren lassen. Obwohl sich die beiden Formen deutlich voneinander unterscheiden, wurden sie in TEAM-Balance in **einer** Spielübung zusammengefasst.

Bei den Kontakt-Spielen, welche deutlich niederere Motivationspotentiale beinhalten als

Soziale Kontakt-Spiele

Hunde untereinander

Einige Charakteristika aus den Funktionskreisen Fellpflege, Zuneigungskontakte und soziale Annäherung.

- ✔ Fellzwicken
- ✔ Fellknabbern
- ✔ Fellstoßen
- ✔ Fell-Lecken
- ✔ Ohrenlecken
- ✔ Schnauzenkontakte
- ✔ Lefzenkontakte
- ✔ Analwittern
- ✔ Violwittern
- ✔ Kopf oder Schnauze in den Fang nehmen
- ✔ Anschmiegen
- ✔ Berührung suchen (Pfote aufwerfen oder auflegen)
- ✔ Andrücken
- ✔ Hinterteil entgegendrehen und andrücken
- ✔ Wegdrücken mittels Hinterteil (auch bei Rivalisierungsspiel)
- ✔ Vorderpfoten auflegen
- ✔ Vorderpfoten klammern (mit einer oder mit beiden Pfoten)
- ✔ Aufreiten

beispielsweise Beute-Spiele, kommt es daher darauf an, nicht »mit der Tür ins Haus zu fallen«. Der unerfahrene Hundehalter ist gut beraten, sich bei seinen ersten Kontakt-Spielen nach dem Hund zu richten: Wenn dieser ohnehin in Schmuse-, Beiß- oder Fellpflegelaune ist, dann stehen die Chancen gut für derartige Spiele. Ist der Hund lustlos oder hat er etwas anderes im Sinn, sollte man nicht versuchen, den Hund zu einem Kontakt-Spiel zu zwingen. In der Regel sind derartige Versuche zum Scheitern verurteilt.

Wer schon Erfahrung mit Kontakt-Spielen hat, dem wird es allerdings immer öfter gelingen, den Hund selbst bei fehlender (oder anders gerichteter Disposition) *umzustimmen* – entsprechend sanft und geschickt. Damit der Hund beispielsweise ein »Schmusespiel« annimmt, wäre es vorteilhaft, wenn die entsprechende Disposition bereits vorhanden ist. Innerhalb eines TEAM-Balance-Kurses lernt der Teamführer, mit vielen unterschiedlichen Kontaktspielformen umzugehen.

Wahl und Gestaltung der Kontakt-Spiele sind freigestellt: In der Prüfung allerdings sind die Möglichkeiten eingeschränkt. Würde man beispielsweise ein Fellpflegespiel vorschreiben, so wären die aktionsbetonten Rassen benachteiligt. Und mit der Forderung eines Beißspiels hätten wieder andere Rassen ihre Probleme. Ein konkretes Kontakt-Spiel vorzuschreiben, ist daher nicht angebracht. Aus diesem Grund sind in TEAM-Balance Wahl und Gestaltung der Kontakt-Spiele freigestellt. Verbindlich ist lediglich die Vorführung eines *Kontakt-*, also eines Berührungsspiels, sowie eines *Hand- und Fangspiels* und das zweimalige Vorzeigen der *Beißhemmung*. Der Teamführer darf wählen zwischen Zuneigungs-, Beiß- oder anderen Berührungsspielen, je nachdem, wie der Hund darauf anspricht. In der Prüfung darf die Spielform sogar gewechselt werden. Etwa dann, wenn der Teamführer bemerkt, dass der Hund auf die gewählte Spielform nicht gut anspricht. Ein Wechsel ist aller-

dings nur im Rahmen objektfreier Spiele erlaubt. Und es muss in jedem Falle das Wesentliche eines Kontakt-Spiels gezeigt werden: Das ist der Motivationsbereich *Berührung.*

»Hand- und Fangspiele«

Viele Hunde wollen das Spiel innerhalb kurzer Zeit in ein Beißspiel umwandeln, wobei sich einmal mehr zeigt, dass der Fang das wichtigste »Instrument« des Hundes ist. Solange das Spiel nicht aus dem Ruder läuft und solange der Hund das Spiel nicht an sich ziehen möchte, kann man darauf eingehen. Man sollte sogar darauf eingehen. Denn Beißspiele sind wichtig, nicht nur für Hunde untereinander, sondern auch in der Mensch-Hund-Beziehung. Wir pflegen daher ganz gezielt derartige Spiele, die wir der Richtigkeit wegen nicht einfach »Beißspiele« (beißen tut ja nur der Hund) nennen, sondern als »*Hand- und Fangspiele*« bezeichnen. Daher werden wir lernen, unsere Hände im Spiel mit dem Hund so einzusetzen, dass sie – im Rahmen der Möglichkeiten – den »Fang des Mitspielers Hund ersetzen«. Wichtig ist, sich dabei nicht zu verkünsteln. Das Ganze darf nicht schwer fallen. Keine akrobatischen Aktionen sind nötig! Es genügt, wenn es uns gelingt, als Menschen »mitzuspielen«. Das heißt, Möglichkeiten zu suchen und zu üben, unsere Hände für den Hund verständlich einzusetzen.

Mehr bedarf es nicht. Manches aus dem caniden Verhaltensrepertoire lässt sich leichter,

manches weniger leicht übertragen. Manches, wie etwa das Analwittern, ist für uns Menschen ungeeignet. Aber das ist nicht weiter schlimm, denn das Repertoire der möglichen Spielformen ist reichhaltig genug.

Die »Beißhemmung«

Bei Lernprozessen innerhalb gegensätzlicher Motivationsfaktoren fallen Balance-Akte umso schwerer, je stärker einer der beiden Motivationsfaktoren wirkt. Mit anderen Worten – am Beispiel der Beißhemmung: Je stärker der

1 Zwicken und Beißen gehören zum Spiel, welches in derartigen Situationen mitunter zum schmerzhaften Ernst wird.

2 Der unten liegende Welpe wird schmerzhaft gebissen. Die zweijährige Banja kommt heran und greift ein, indem sie den Grobian mittels Kopfgriff in Schranken weist.

3 Eine andere Art, aufkeimendem Abgleiten vom Entspannten Feld entgegenzuwirken, wendet diese Hündin an. Sie knabbert den in Wut geratenen Welpen am Nacken, was tatsächlich zur Beruhigung beiträgt.

Was hier noch als harmloses Beißspiel abläuft, kann jederzeit in Ernst umschlagen.

Die Beißhemmung hat zwei Phasen: Das »dosierte Zubeißen« und das »Lockern« (bzw. »Aufmachen« oder »Lösen«). Ein Hund mit intakter Beißhemmung wird von vornherein nie voll in die Hand beißen. Die Beißhemmung setzt also schon vor dem Zubeißen ein – in Form eines abgeschwächten, »dosierten« Zubeißens. Hat der Hund unabsichtlich zugebissen, was im Spiel mitunter vorkommt, dann spielt sich bei intakter Beißhemmung Folgendes ab: Bemerkt der Hund, dass er in die Hand oder in den Arm gebissen hat, dann kann er aufgrund seiner erstaunlichen Reaktionsschnelligkeit den Vorgang des zunehmenden Kieferschlusses rechtzeitig stoppen, so dass allenfalls ein Kneifen entsteht. Der Beschädigungsbiss kann bei intakter Beißhemmung vermieden werden. Das ist wichtig zu wissen. Leider entschuldigen viele Hundeführer ihre

Hund zum »Zubeißen« veranlasst wurde, desto schwerer fällt es ihm, nicht oder weniger stark zuzubeißen. Es ist daher nicht zielführend, die Beißhemmung im ungünstigen Augenblick einer starken Zubeißmotivation zu üben.

im Spiel blutig gebissenen Hände damit, dass ihr Hund »eigentlich« nicht zubeißen wollte und dass es lediglich »in der Hitze des Gefechts« zur Verletzung kam. In Wirklichkeit stimmt diese Darstellung nur halb. Der Hund hatte zwar nicht gezielt verletzt, aber die Verletzung ist nicht auf besondere »Triebhaftigkeit« zurückzuführen, sondern auf eine unzureichende Beißhemmung! Gerade die hoch aktiven Individuen bringen auch in der Reaktionsschnelligkeit Spitzenleistungen hervor. Das heißt, sie sind auch beim *Lockern* schneller als andere.

In Tausenden von Seminarbeispielen konnte festgestellt werden, dass sehr spielerfahrene Hunde, mit denen von klein auf viel (und richtig!) gespielt wurde, den Teamführer nahezu nie (!) verletzen, auch nicht in rasanten Spie-

len! Wurde die Beißhemmung in der Prägungsphase jedoch nicht oder nur unzureichend vermittelt, dann lässt sich die Beißhemmung lebenslang nie mehr zufrieden stellend herstellen. *Lernfenster*-Inhalte kann man eben nicht »nachholen«!

Beißhemmung im Mensch-Hund-Team: Der Hund lernt das dosierte Zubeißen zuerst im Welpenrudel. Er lernt es von der Mutter. Und wenn er Glück hat, in einem kleinen Rudel aufzuwachsen, lernt er es zusätzlich im Spiel mit anderen Rudelmitgliedern. Nicht nur mit Gleichaltrigen. Aber in jedem Fall gilt: Er kann es nicht von vornherein. Und in der Gemeinschaft mit Menschen muss der Hund die Beißhemmung *noch einmal* lernen. Sicher kommt ihm zugute, wenn er es im sozialen Umgang

Sascha genießt das Berührungsspiel mit seiner Teamführerin – hingebungsvoll mit geschlossenen Augen.

mit seinesgleichen schon gut kann. Trotzdem stellt die Beißhemmung in der Mensch-Hund-Beziehung neue und andere Forderungen.

Die Beißhemmung in ihren beiden technischen Anforderungen des »dosierten Zubeißens« und »Lockerns« muss der Hund also neu lernen, am besten so früh wie möglich! Wir präsentieren hierfür anfangs eine Lernsituation mit einem Anspruchsniveau im unteren Drittel. Das heißt, die Wahrscheinlichkeit, dass der Hund die Aufgabe bewältigt, liegt bei etwa 70 Prozent. (Zur Information: Bei »normalen« Lernsituationen geht man von einem Ideal-Anspruchsniveau um die 50 Prozent aus. Je nach Temperament und Begabung etwas darüber oder darunter.)

Spielbeschreibungen

Hier befinden wir uns mitten im Dilemma der inkommunikativen Vermittlung, die nun einmal durch die Darstellung in Buchform gegeben ist (ich als Autor stehe ja leider nicht daneben, wenn Sie üben. Und Sie können mich nicht fragen, wenn Unsicherheiten oder Zweifel aufkommen). Die Beißhemmung müsste **vor** der Spielbeschreibung aufgeführt werden, denn falls es die Situation erfordert, muss der Teamführer die entsprechende »Beißhemmungs-Einwirkung« einbringen. Gibt der Hund keine Veranlassung, so erübrigen sich Einwirkungen. Wenn wir zuerst die Beißhemmung und den Schnauzengriff als Gegenmaßnahme beschreiben, so heißt das jedoch nicht, dass wir methodisch damit beginnen! Ganz im Gegenteil! Hand- und Fangspiele gestalten wir anfangs als freundliche Sozialspiele: Streicheln, Kraulen, Anschmiegen und Andrücken im Schnauzenbereich. Unter anderem bieten sich an: Formen aus Annäherungs-, Zuneigungs- und Pflegeverhalten.

Berührungsspiele beginnen bei der Annäherung! Vorsicht ist geboten im Hinblick darauf, wie Sie Ihrem Hund die Hand nähern. Bei frontaler Annäherung sieht der Hund die Hand entweder gar nicht oder nur verschwommen. Ähnliches gilt für die Annähe-

Ohrenstellung, Blick und Körperhaltung des Welpen auf der einen Seite und Bein- und Pfotenstellung als auch Kopf- und Ohrenhaltung der juvenalen Hündin legen nahe, dass hier keine Beschädigung zu erwarten ist. Die Analyse des Ablaufs davor würde weitere Aufschlüsse erlauben.

rung von oben. Das kann zu Unsicherheiten führen. In manchen Fällen auch zu Aggression. Selbst beim freundlichsten Hund kann man Konfliktverhalten (Augenblinzeln) beobachten, wenn Frauchens oder Herrchens Hand direkt von vorn kommt. Also: Nicht von vorn, oben oder hinten annähern! Und: Nicht zu schnell nähern und nicht den Kopf des Hundes hinter dem Ohr beginnend nach hinten streicheln!

Wir bringen die Hand zuerst einmal von der Seite an den Hund heran (nicht zu schnell). Nach geglückter Kontaktaufnahme akzeptieren Hunde dann allerhand Berührungen, auch

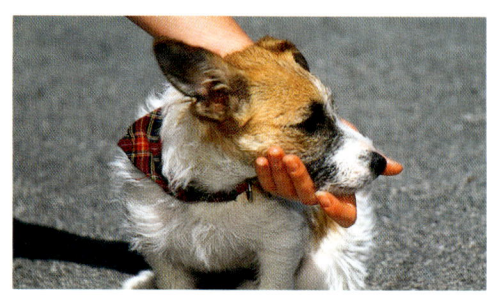

solche, die nicht gerade hundetypisch sind. Diese Kontakt-Spiele lassen sich mit einer oder mit zwei Händen als auch mit Handinnen- und Außenflächen vermitteln.

Freundliche Hand- und Fangspiele sind: Streicheln, Andrücken und Anschmiegen, mit dem Handrücken und der Handinnenseite.

Eine Warnung zum »Andrücken«: Wenn Andrücken nicht überzeugend nachgeahmt wird, kann es vom Hund leicht als »Drängeln« oder »Schubsen« empfunden werden, was nicht selten soziales Rivalisieren zur Folge hat. Derartige *Spielrichtungsänderungen* sind durchaus normal. Aber der Teamführer sollte wissen, dass damit Risiken verbunden sind und dass unter Umständen mit Überraschungen und auch mit einem Überschwappen in den Ernstbereich zu rechnen ist. Die Übergänge vom Spiel- zum Ernstbeißen sind für den Anfänger nicht immer leicht zu erkennen. Der Hund verrät sich allerdings durch deutliche Signale auf akustischer (Knurrwarnen, Zunahme der atonalen Lautäußerungen) und auf optischer Ebene (Lefzenkräuseln, Zähne blecken, Blick, Ohrenstellung, Kopfhaltung, Körperhaltung, Rutenhaltung, Haarsträuben, Gang usw.). Was tun, wenn dieser Fall eintritt? Ein Rezept gibt

es leider nicht. In vielen Fällen verspricht die Rückorientierung der Spielgestaltung zum *Entspannten Feld* Erfolg. Zum Beispiel durch Wechsel in einen anderen Stimulationsbereich, durch Verändern des Spiels, durch Wechsel des MOs, durch Verändern des Anspruchsniveaus oder des Stimulationsniveaus. Zeigen die Veränderungen keinen Erfolg, so bleibt noch, das Spiel abzubrechen (*Frustrationsmethode*) oder, falls es die Situation erfordert, die Rangeinweisung (beispielsweise mittels *Schnauzengriff*).

Schnauzengriff und Nackengriff

Für viele Hunde ist Beißen das bevorzugte Lieblings-Spiel. Man muss daher immer damit rechnen, dass der Hund innerhalb kurzer Zeit zum Beißspiel überwechselt. Tritt das ein, hat der Teamführer die richtige Entscheidung zu fällen. Bereits einige wenige Wiederholungen unkontrollierten Zubeißens im Spiel können sich für lange Zeit nachteilig auswirken. Beißt der Hund im Spiel stärker zu als er darf, muss die Korrektur einsetzen. Eine der bewährtesten Korrekturen ist der *Schnauzengriff*. Die Hand wird von oben über die Schnauze gelegt wie eine Art Zange: der Daumen auf der einen, die übrigen Finger auf der anderen Seite.

Die Finger drücken, falls erforderlich, gegen die empfindlichen Lefzen. Nicht zu stark und nicht zu schwach. Aber so stark, dass der Hund lockert oder öffnet. Nach dem Lockern löst auch der Teamführer die *Fingerzange*. Es empfiehlt sich, den Vorgang akustisch zu unterstützen. Manche Autoren raten zur Nachahmung von Schmerzäußerungslauten. Nach einiger

➤ Tipp Schnauzengriff

Beim »Schnauzengriff« sollten Sie nach dem Vorbild von Mutter Hund (siehe auch Text oben) vorgehen. Der Hund erfährt anfangs wochenlang (und auch später immer wieder) den »Schnauzengriff« als soziale Zuneigungsgeste. Das könnte etwa so aussehen. Nach artgerechter Annäherung der Hand umgreifen wir den Fang entweder von der Seite, von unten oder von oben. Dabei achten wir auf ein weiches, anschmiegsames Schließen des Griffs.

Zeit sollte man jedoch ein entsprechend scharf gesprochenes ›Nein‹ einbringen. In weiterer Folge soll ›Nein‹ dann zum stellvertretenden Signal werden, so dass der Schnauzengriff in vielen Situationen durch das ›Nein‹ ersetzt werden kann. Ab und zu wird sich allerdings (das gilt wohl für die meisten Individuen) der mehr oder minder schmerzhafte Schnauzengriff nicht vermeiden lassen. Aber jetzt kommt das Entscheidende. Wenn wir den Schnauzengriff so aufbauen, wie hier beschrieben, haben wir wenig von den Naturvorgängen verstanden. Die Nachahmung des Schnauzengriffs – nach dem Vorbild von Mutter Hund oder Mutter Wolf – ist nämlich nur die halbe Wahrheit. Die schmerzhafte Maßregelung der Mutterhündin ist nur die eine Seite. In Wirklichkeit erfährt der Welpe den Fang der Mutter von Anfang an und über lange Zeit hin als etwas durch und durch Positives: Zuneigung, Wärme, Nähe und Zuwendung vermittelnd. Die positive Verankerung in den tiefen Bewusstseinsschichten wird später, wenn der Fang auch mitunter schmerzbringend zubeißt, davor schützen, dass der Fang negativ besetzt wird.

Die drei Griffpositionen (E.L.) *Schnauzenseitgriff, Schnauzenuntergriff* und *Schnauzenobergriff* betonen verschiedene Stimulationen, welche (zum Teil) durch unterschiedliche anatomisch-physikalische Konstellationen bedingt sind. Bei kleinen und mittelgroßen Hunden bietet sich auch (als vierte Position) der Schnauzengriff von vorne an.

Als Gegenmaßnahme bei zu starkem Zubeißen ebenso wie zur Rangeinweisung eignet sich am besten der bekannte Griff von oben. Der *Schnauzenseitgriff* ebenso wie der *Schnauzenuntergriff* sind prädestiniert für freundliche Kontakt-Spiele, zum Beispiel für Schmusespiele. Zur Rangeinweisung oder als Beißhemmungshilfe sind sie ungeeignet, da sich der Hund bei diesen Positionen leicht befreien kann. Wird der *Schnauzenobergriff* zur Beißhemmungseinübung eingesetzt, so darf man die Position nicht verändern (der Hund könnte sich befreien).

Bei Schmusespielen hingegen bietet sich an, die Positionen zu wechseln und ineinander übergehen zu lassen. Es liegt auf der Hand,

Kontakt-Spiele sind stark von der inneren Gestimmtheit abhängig. Das gegenseitige Aufeinander-Eingehen wird in der TEAM-Balance von Anfang an geübt.

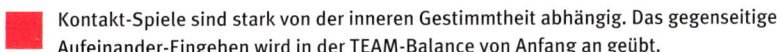

dass der Einsatz mehrer Positionen den Spielreichtum erheblich erweitert.

Wir streicheln über die Wangen oder drücken sanft die Lefzen. Auch das anschließende oder abwechselnde Lösen erfolgt nicht abrupt, sondern weich. Währenddessen sprechen wir mit dem Hund in angenehmem, wohltuendem timbre (franz. = Klang und Ausdruck der Stimme). Gleichzeitig sehen wir den Hund freundlich an, wobei unsere Augen sowie unsere Lippen ein freundliches Lächeln zeigen. Ein Lächeln, das den Hund an das Spielgesicht seiner Artgenossen erinnern mag. Auch die ersten Hals- und Nackengriffe gestalten wir in Form eines angenehmen Kraulens.

Manchen Individuen sind die beschriebenen Annäherungsformen nicht angenehm. Das sollte man akzeptieren. In diesem Fall ist es besser, mit weniger intimen Berührungen zu beginnen, beispielsweise mit

➤ Anschmiegen und Andrücken
➤ Fellstreicheln am Hals oder an den Flanken.

Ignoranz oder Nachsicht dem Teampartner gegenüber kann sich rächen: Im weiteren Verlauf eines Spiels kann es vorkommen, dass ein Hund seinen Teamführer immer mehr herausfordert. Solange sich das im Entspannten Feld abspielt, ist alles in Ordnung. Droht die Stimmungslage jedoch zu kippen, wäre es falsch, nachzugeben. Auch, besser gesagt, gerade bei jungen Hunden! Ignoranz oder Nachsicht rächt sich. Auch im Hinblick auf Intensität einer erforderlichen Einwirkung herrscht oft Unklarheit. Die Intensität der Gegenmaßnahme gibt der Hund selbst vor. Je stärker die Verletzung der sozialen Regeln, desto stärker sollte die Gegenmaßnahme ausfallen. Dies gilt allerdings nicht ohne Einschränkung. Bei gestörten Hunden muss zuerst viel in die Rückgewinnung der Selbstsicherheit und des Vertrauens (Menschen und Artgenossen gegenüber) investiert werden. Das dauert oft lange. Und um hier voranzukommen, nimmt man vorübergehend einige Fehlverhalten in Kauf.

Beißspiele

Wenn wir die »freundlichen Schnauzenkontakte« erfolgreich vermittelt haben, können wir dazu übergehen, Schnauzengriffe und -kontakte auch in das Balgen einzubringen. Wir spielen am Boden, beginnen möglicherweise erst einmal mit Schmusespielen und gehen dann, je nach Spielverlauf, zu Beißspielen über. Hierzu setzen wir wiederum die Hände ein. Wie, das demonstrieren uns am besten Hundewelpen. Wir greifen an den bevorzugten Stellen ins Fell: Hals, Nacken, Extremitäten, Rute, Gesäß usw. Wenn wir den Hund auf den Boden drücken, so sollten wir darauf achten, uns nicht zu übermächtig und überlegen zu präsentieren. Wir spielen, als hätten wir nicht wesentlich mehr Kraft als unser Mitspieler. Einmal sind wir (unsere Hand) oben und der Hund unten, dann wieder umgekehrt. In dem Augenblick allerdings, wo der Hund aus dem Ruder läuft, müssen wir zeigen, dass wir stärker sind.

4 Grundhaltungen und Haltungswechsel

Kurzbeschreibung

Zeitrahmen: Maximalzeit 30 Sekunden.
Ablauf: Nach dem Juroreneintrag und der Freigabe durch den Ansager beginnt die Bewertung der Grundhaltungen und Haltungswechsel ›Sitz‹ – ›Platz‹ – ›Steh‹ (aus Sitz) und ›Steh‹ (aus Platz) sowie – ›Halt‹ (Anhalten) bzw. ›Stopp‹. Der Teamführer vermittelt mittels Körpersprache (ohne Berührung(!), mit oder ohne Hörzeichen) die gewünschten Grundhaltungen in selbst gewählter Reihenfolge. Kurzes Lob und/oder Bekräftigung durch Futter- oder Beute-MO nach einer ge-

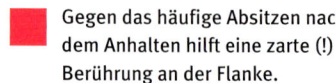

Gegen das häufige Absitzen nach dem Anhalten hilft eine zarte (!) Berührung an der Flanke.

lungenen Übung sind erlaubt und je nach Alter und Ausbildungsstand mehr oder minder angebracht.

Ansage

Ansage: »*Start*« – »*noch 30 Sekunden*« – »*noch 20*« – »*noch 10*« – »*Achtung, noch 5*« – »*Ende*« *(bzw. vorzeitig »beendet«). – »Bitte Juroreneintrag abwarten«.*

Während des Juroreneintrags wird die nächste Übung angekündigt.
Ansage: »*Es folgt Übung 5 ›Gruppe: Drei Ablenkungen‹: visuell, akustisch und geruchlich.*«
Nach abgeschlossenem Juroreneintrag folgt Startfreigabe.

Kernziele (qualitative Ebene):

➤ **Kernziele Mensch:** *Didaktische Transformation, Kommunikation (Körpersprache), Lob, Mot-Niv-Balance, Spielfreude.*
➤ **Kernziele Hund:** *Empfänglichkeit, Durchlässigkeit, Freiwilligkeit, Spiel-Lust, Engagement.*

Übungsaufbau

Didaktik-Methodik: Es geht hier um Grundhaltungen in Form vorbereitender, phänomenaler Ausführung: ›Sitz‹, ›Platz‹, ›Steh‹ (Aufstehen) und ›Halt‹ (bzw. Stopp aus dem Gehen). Die Schnelligkeit der Ausführung steht nicht im Mittelpunkt. Es dürfen Gesten und andere Körperhilfen mit anschließender Belohnung gegeben werden, so zum Beispiel verbales Lob sowie Beute- oder Futter-MO-Bekräftigung. Ziel dieser Spiel-Übung ist, das »Wie der methodischen Vermittlung« vorzuführen. Formale Details stehen nicht im Vordergrund. Zur Betonung dieser Wertanschauung darf der Hund während der Übung nicht berührt werden. Hörzeichen dürfen, müssen aber nicht gegeben werden. Bei bereits ausgebildeten, älteren Hunden gewinnen die Qualitäten »Erwartungshaltung«, »Empfänglichkeit« und »Durchlässigkeit« an Bedeutung. Bei jüngeren Hunden steht die Anpassung im Vordergrund. Auch hier dürfen Hörzeichen gegeben werden.

> Bevor man eine Übung einleitet, wird eine optimale Lerndisposition aufgebaut. Der Teamführer achtet darauf, dass der Hund weder über- noch untermotiviert ist (Motivations-Balance). Bei Über- oder Untermotivation folgen die entsprechenden Balance-Maßnahmen.

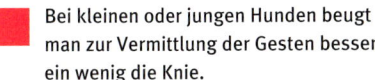

Bei kleinen oder jungen Hunden beugt man zur Vermittlung der Gesten besser ein wenig die Knie.

Mit den Grundhaltungen und Haltungswechseln beginnt man erst, wenn die weiter oben beschriebenen Spielübungen vom Hund schon gut angenommen wurden, wenn eine solide Vertrauensbasis aufgebaut wurde und wenn der Hund schon deutliche Zeichen wachsender Spiel-Appetenz erkennen lässt. Zeitangaben sind bekanntlich problematisch. Als grobe Zeitspanne könnte man je nach Rasse, Alter, Reife sowie individuellen und Umwelt-Faktoren zwischen drei bis acht Wochen veranschlagen. Falsch wäre jedoch, das mühsam aufgebaute Spielgeschehen abrupt auf »Arbeit« umzustellen.

Lustvolles und spielerisches Lernen: Erinnern wir uns: »Üben bleibt Spiel!« – Übungen werden so vermittelt, dass sie der Hund ebenso erlebt wie die gewohnten Freien Spiele. Daher verstehen wir in der TEAM-Balance unter »Übungen« »Spiel-Übungen«! Leider ist das von Lust isolierte Arbeitsdenken bei vielen Menschen derart tief verankert, dass sie sich ein »Lernen en passant« (franz. = »Lernen im Vorübergehen« bzw. »Lernen nebenbei«) nicht einmal vorstellen können, geschweige denn zu verwirklichen bereit oder im Stande sind. Sie vertreten hartnäckig die Meinung – wie vor hundert Jahren – spielerisches Lernen sei minderwertig und komme an die »wirklichen, richtigen« Vorgehensweisen des Erwachsenen nicht heran. Diese Ansicht ist, unter Berufung auf die gesamten pädagogischen Forschungsergebnisse, das sei betont, einfach falsch. Das Gegenteil ist richtig: Lustvolles, spielerisches Lernen geht schneller, hält länger und macht zusätzlich kreativ. Die Kinder- und Jugendpädagogik orientiert sich daher schon seit Jahrzehnten an den darauf aufbauenden Erkenntnissen und Erfahrungen. Leider hinkt die Erwachsenenbildung heute (100 Jahre nach dem Aufkommen der Ganzheitstheorie!) noch immer hinterher. Für Erwachsene würde, was den Kern des pädagogischen Ansatzes betrifft, das Gleiche gelten. Auch der Erwachsene würde schneller, besser, individueller und kreativer lernen, wenn er es spielerisch, entdeckenderweise und vor allem lustvoll tun dürfte – und wollte. Aber vielleicht verhilft die neue »art« im Umgang mit dem Hund ja doch dem einen oder anderen zur Einsicht, dass auch sein eigenes Lernen (ebenso wie der Umgang mit Kindern) durch Spiel und Motivation profitieren würde.

Im Umgang mit Hunden tun wir uns leichter, Motivation an oberste Stelle zu setzen. Ganz einfach deshalb, weil wir wissen, dass zwangsorientierte Ausbildung nur unter Einsatz extremen Zwangs-Erfolg hat und dass sie auf lange Sicht gesehen nicht nur das Mensch-Hund-Verhältnis untergräbt, sondern auch die hoch gerühmte »Arbeitsbereitschaft« mindert. Viele Leute lehnen extreme Zwangseinwirkungen ab. Wer derartige Einwirkungen schon mal miterlebt hat, müsste ihnen eigentlich beipflichten. Und immer mehr Menschen wünschen sich ein harmonisches Verhältnis zu ihrem Hund – auch im Sport. Und einige we-

➤ Tipp Lerndisposition

Das Herstellen der idealen Lerndisposition sollte für den Teamführer zum Ritual werden. So lange er die optimalen Bedingungen nicht herstellen konnte, wird er die Übung nicht einleiten! Ist die günstige Lerndisposition dann jedoch gegeben, muss er die Übung unverzüglich einleiten.

nige haben auch erkannt, dass die neuen Sportarten *TEAM-sport* und *TEAM-dance* auch aus Sportleistungssicht neue Maßstäbe setzen und mit den alten, zwangsorientierten Ausbildungsmethoden nicht zu verwirklichen sind. Wer hier noch auf alte Methoden baut, bleibt im Vergleich zu den auf Freiwilligkeit setzenden Teamführern chancenlos. Wie aber erreicht man es, dass Üben Spiel bleibt?

Wie bleibt Üben Spiel?

Damit Üben Spiel bleibt, verlassen wir bis auf wenige Ausnahmen nie das *Entspannte Feld*. Spiel-Aufgaben fließen ein, eingebettet in Lernspiele. Entscheidend ist – im Hinblick auf das Lernziel der Spiel-Übung – die Reduzierung auf das Wesentliche. Wir nennen das Phänomenalisierung (siehe dazu das Kapitel »Elementar-Phänomen-Ausbreitung« im Buch »Mensch-Hund-Harmonie«, Seite 92 ff.). Und noch eines ist wichtig: Die »Verpackung« der Aufgabe. Stimmt beides, die Komprimierung auf das Wesentliche als auch die ungezwungene, spielerische Vermittlung, dann präsentieren sich die didaktisch-methodischen Möglichkeiten wie von selbst. Ohne entsprechende Fragen aber bleibt die Aufgabe in der Gestalt ihrer finalen, zielerfüllten Ausführung. Und so lange sie nicht befreit wird vom Ballast finaler Inhalte, kann das Wesentliche nicht oder nur ungenügend hervortreten. Daher wird die Aufgabe eines in dieser Richtung denkenden Pädagogen darin liegen, zuerst einmal Fragen zu stellen. Beispielsweise: Was ist das Wesentliche der Übung ›Sitz‹? Und: Wie kann ich ›Sitz‹ so verpacken, dass es stimuliert? Wie muss ich das Lernspiel gestalten, damit der Hund weiß, was ich von ihm will. Und was ist zu tun, damit das Begreifen dessen, was ich vom Hund will, Lust vermittelt? Kurz: Wie wird eine Übung zur Spiel-Übung? Diese Fragen ebenso wie ihre Antworten werden in der modernen Pädagogik nicht mehr linear beantwortet. Anstelle der Frage: Was kommt zuerst, was danach? Versucht man jetzt, alle Inhalte ganzheitlich zu sehen und dementsprechend

Oft entscheiden Kleinigkeiten in der Körpersprache über Gelingen oder Misslingen einer Ausführung. Die rechte Hand des Teamführers wurde etwas zu hoch über dem Kopf des Hundes geführt.

eine ganzheitliche Lernsituation zu schaffen, was nicht ausschließt, dass vorübergehend lineare Vorgänge transportiert werden. Aber sie stehen dann in Verbindung zum Ganzen. Anstelle der linearen Vermittlung traten curriculare Modelle.

Soziale Motivation beschleunigt den Lernprozess: Lange war man der Meinung, zuerst müsse ein Kind Buchstaben lernen, dann kämen die Worte und schließlich der Satz. Das war das typische Konstrukt der Erwachsenen. Die Natur hat uns jedoch gelehrt, dass hoch organisierte Lernprozesse komplexer, vor allem aber vielschichtig und gleichzeitig ablaufen. In unserem Beispiel: Der Buchstabe hat sicher eine wichtige Bedeutung, aber genauso wichtig ist sein Zusammenhang zum Wort, zum Satz und zum Inhalt. Alle drei Ebenen korrelieren, wirken ineinander, und zwar gleichzeitig. Eine moderne Lehrtafel zeigt in diesem Sinne beispielsweise ein großes »M« als ersten Buchstaben des Wortes »Mama« – im Satz: »Mama ist lieb«. Über dem Wort »Mama«

ist ein Foto der Mutter, über »ist« steht gar nichts, über »lieb« steht ein Herz. Der Satz als Ganzes, in Verbindung seiner sozialen Motivation, ist für das Kind höchst interessant. Es identifiziert sich mit seinem Inhalt, es kann sich sein eigenes, individuelles Bild machen und es lernt »nebenbei« eine Menge: Unter anderem etwa die klassische Satzstellung und ihre Elemente. Stellen Sie sich vor, was hingegen abläuft, wenn man Buchstaben aneinander reiht! Wo bleiben individuelle Identifikation und Motivation? Wo die vielen kleinen, unbewussten Lernprozesse, die sich aus dem Ganzen ergeben?

Warum wird ›Steh‹ in der TEAM-Balance erwartet? Lassen wir uns durch das Beispiel anregen! Stellen wir die ganzheitsorientierten Fragen moderner Pädagogik, am Beispiel der Grundhaltungen und Haltungswechsel. Zuerst jedoch die Beantwortung einiger nahe liegender, programmatischer Fragen: Warum wird in TEAM-Balance (als »Vorbereitungsstufe«) bereits das schwierige ›Steh‹ erwartet? In der klassischen Unterordnung, etwa in der SchH (Schutzhundordnung), kommt die Übung erst in der höchsten Stufe, nämlich in SchH III vor. Nun, aus physiologischer ebenso wie aus ethologischer Sicht kann ich die Ansicht verschiedener Schwierigkeitsgrade der Grundhaltungen nicht teilen. Schon nach wenigen Wochen sind Welpen in der Lage, alle Grundhaltungen und Haltungswechsel zu nutzen – ohne sichtbare Unterschiede in der Schwierigkeit der Ausführung! Das Zurücksetzen des ›Steh‹ auf die SchH III ist ganz und gar unverständlich. Der Hund ist, bis er SchH I und II absolviert hat, in der Regel zwei Jahre alt oder älter. Er **kann** schon lange stehen. Dass ihm die vom Hundeführer gestellte Aufgabe ›Steh‹ schwer fällt, das liegt nicht an ihm, sondern an der Unzulänglichkeit des Programms. Hierzu wäre noch viel zu sagen. Auch die Aufstellung der Grundhaltungen in den traditionellen Unterordnungsprogrammen ist unvollständig. Es ist nicht einzusehen, weshalb nicht alle Haltungsänderungen verlangt werden. Das vollständige Programm müsste lauten: vom ›Steh‹ ins ›Sitz‹

Dieser Hund steht in keiner optimalen Lerndisposition. Ohrenstellung, Blick, Körperhaltung und das Schnüffeln an der Hand lassen eine leichte Unsicherheit vermuten. Dem würde man mit einem vorausgehenden Basis-Spiel begegnen.

und vom ›Steh‹ ins ›Platz‹. Vom ›Platz‹ ins ›Steh‹ und vom ›Platz‹ ins ›Sitz‹. Vom ›Sitz‹ ins ›Steh‹ und vom ›Sitz‹ ins ›Platz‹. Also insgesamt sechs Haltungsänderungen. Geschickt aneinander gereiht, befindet sich der Hund nach Ausübung einer Haltungsänderung jeweils schon in der neuen *Ausgangshaltung* zur nächsten Grundhaltung. In TEAM-Balance lernen wir alle Grundhaltungen und Haltungsänderungen, und zwar ohne präjudizierte Bevorzugung einer bestimmten Haltung. Hierfür sprechen neben den bereits erwähnten physiologischen und ethologischen Gründen auch pädagogische Argumente. Wenn man nämlich, wie in der allgemeinen Ausbildungsliteratur einhellig gefordert, die jeweils nächste Übung erst einsetzt, wenn die vorausgegangene vom Hund beherrscht wird, dann kämpft man, ohne es zu wissen, mit einer Reihe ungünstiger Faktoren. Der Hund ist in der Regel das ›Sitz‹ von klein auf gewohnt und hat diese Übung zu 100 Prozent automatisiert. Nun soll er von heute auf morgen ›Steh‹ ausführen. Wohl bemerkt, aus der gleichen Ausgangshaltung heraus, nämlich aus der Freifolge (oder dem Anhalten). Aus Gewohnheit wird sich der Hund setzen. Warum sollte er stehen? Die Gewohnheit arbeitet in dieser Konstellation in mehrfacher Hinsicht gegen den erwünschten neuen Lernprozess! Zur Automation gesellt sich noch die gewohnheitsbedingte Abnahme einer aktiven, von Neugier geprägten Aufmerksamkeit als auch die gewohnheitsbedingte reduzierte Motivation. (Mehr darüber ist im Buch »Mensch-Hund-Harmonie« unter »Sättigungsdistanz«, Seite 96 ff. zu lesen.)

»Geistiger Zügel« und MO werden so gehalten, dass beides auf einer gedachten Linie zwischen Mensch und Hund liegt.

Methode »Sättigungsdistanz«: Wir werden daher – der Methode »Sättigungsdistanz« (E. L.) folgend – die einzelnen Grundhaltungen jeweils nur so lange vermitteln, bis sich die Sättigung ankündigt. Mit anderen Worten: bis der Hund erkennen lässt, dass er die Aufgabe begriffen hat und die Ausführung auf Signal (Körpersprache oder Hörzeichen) sicherer zu werden beginnt. Im beginnenden Krümmungsbereich der Sättigung setzen wir die Übung ab und beginnen mit der nächsten, die wir so lange üben, bis auch sie die beschriebenen Kriterien aufweist. Dann werden die beiden Übungen im Wechsel geübt, damit der Hund die Unterscheidung lernt. Im nächsten Schritt kommt die dritte Übung hinzu, gefolgt von Unterscheidungsaufgaben aller drei Übungen. Und so weiter. Folgt man der Methode der »Sättigungsdistanz«, so bleiben die Übungen immer interessant und die negativen Auswirkungen der Automation und Gewöhnung werden vermieden. Inzwischen haben viele Hunde in kürzester Zeit, mitunter innerhalb vier bis sechs Wochen, die Grundhaltungen ›Sitz‹, ›Platz‹, ›Steh‹ sowie sämtliche Haltungswechsel und das Anhalten (›Halt‹ bzw. ›Stopp‹) gelernt – und zwar ohne Bevorzugung einer oder mehrerer Aufgaben. So viel zum »Lehrplan«, der natürlich noch der individuellen Modifikation bedarf.

Der Lehrplan vermeidet absichtlich vorzuschreiben, mit welcher der Aufgaben man beginnen soll. Wir beginnen, dem übergeordneten Postulat der Tierpädagogik folgend, »Risiken zu vermeiden«, mit jener Übung, die dem Hund offensichtlich leicht fällt. Dies ermittelt der Teamführer (bzw. sein Ausbilder) an Hand eines kurzen Tests. Man darf nicht vergessen, dass der Hund bisher »nur« gespielt hat. Jetzt kommen Spiel-Aufgaben hinzu. Bei der Vermittlung der ersten Spiel-Aufgaben das zu bevorzugen, was der Hund, oft nur durch Zufall, von sich aus mitbringt oder besonders schnell begreift, ist sicher eine vorteilhaft kluge Entscheidung.

Vorübungen

»Spannungsaufbau«, »Brückenerwartung« und »Augen-MO-Linie«

Vorübung »Spannungsaufbau«: Bevor wir das methodische Vorgehen bei der Sitzvermittlung beschreiben, soll noch eine Vorübung erläutert werden, die uns während der gesamten Ausbildung und noch danach unverzichtbar ist: der *Spannungsaufbau*. Jedes Mal, wenn wir dem Hund etwas Neues beibringen, und jedes Mal, wenn wir vom Hund eine Übung abverlangen, ohne dass er vorher wissen kann, was wir von ihm wollen, benötigen wir den *Spannungsaufbau*. Dem Teamführer ist natürlich klar, was er vom Hund will. Aber woher soll der Hund schon vorher wissen, was wir vorhaben? Um trotz fehlender Information eine positive Erwartungshaltung aufzubauen, bedienen wir uns eines *»Allgemeinen Spannungsaufbaus«*, der als Brücke fungiert. Wir sprechen von *»Brückenerwartung«*.

Als *Signale für den Spannungsaufbau* kann vieles dienen: Körperhaltung, Augenausdruck, Blickrichtung und Brauenstellung, Mundstellung, Atmung, Muskelanspannung im gesamten Körper oder in Körperteilen. Ein guter Teamführer vermag es auf vielfache Art und Weise, Spannung aufzubauen. Er vermag es, mehr oder minder gezielte Erwartungen (*»Punkt- oder Segmenterwartung«* E. L.) oder auch allgemeine *Aufmerksamkeit* freizusetzen. Man beachte den Unterschied zwischen Zielerwartung, welche eine relativ klare Vorstel-

Scheinen beim »Klassischen Spannungsablauf« einige Punkte nicht auf oder wurde die Reihenfolge geändert, so sprechen wir von »variiertem Spannungsablauf« (E.L.).

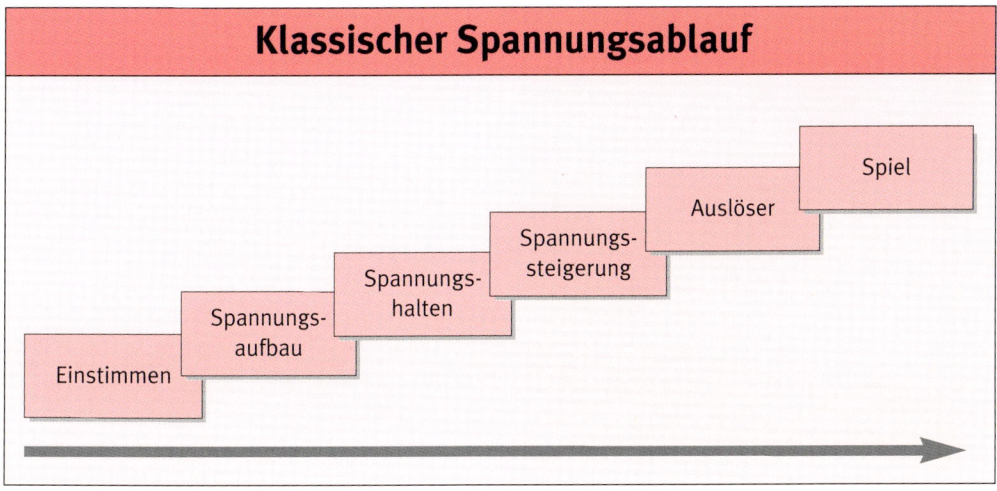

Klassischer Spannungsablauf

Einstimmen → Spannungsaufbau → Spannungshalten → Spannungssteigerung → Auslöser → Spiel

lung des zu erwartenden Ereignisses beinhaltet und der allgemeinen Aufmerksamkeit, welche durch Neugier ausgelösten Motivationen entspricht. Neugier ist ein starker Motivator und eignet sich in vielfacher Hinsicht ganz hervorragend für den Spannungsaufbau.

In Verbindung eines automatisierten oder stereotyp wiederkehrenden Ablaufs tun sich Hund und Mensch natürlich leicht, eine be-

stimmte Erwartungshaltung aufzubauen. Die gesamte klassische Unterordnung setzt auf dieses Regulativ. Wer jedoch auf Anpassung und Abwechslung setzt, wird immer wieder offene, nicht zielorientierte Aufmerksamkeit bevorzugen. Hierfür benötigt der Teamführer eine breite Kommunikations-Variabilität. Um die Neugier des Hundes anzustacheln, haben fortgeschrittene Teamführer gelernt, sich auf vielfältigste Weise zu präsentieren. Hierzu gehört, die Intensität der Stimulation zu steuern und damit unter anderem das Verhalten zu beeinflussen. Nach dem Einstimmen und dem *Spannungsaufbau* folgt das *Spannungshalten* (bzw. *-dehnen*), dann die Spannungssteigerung und schließlich der Auslöser und das abschließende Spiel (Spiel, Lob und andere Bekräftigungen). Die Grafik auf Seite 81 zeigt den *»klassischen Spannungsablauf«* (E.L.) Scheinen einige Punkte nicht auf oder wurde die Reihenfolge geändert, so sprechen wir von »variiertem Spannungsablauf« (E.L.).

Und wie führt man den »Spannungsablauf« aus? Was wird methodisch gemacht? Hier eine kurze Beschreibung der einzelnen Punkte, auf die es ankommt: Das oberste Gebot lautet: »Den Hund möglichst viel an den Teamführer binden und möglichst wenig an das Objekt«. Das erreichen wir unter anderem durch die *»Augen-MO-Linie«* (E.L.).

Dies gilt natürlich nur für Objektspiele: Vielleicht verstehen wir jetzt noch besser, weshalb es vorteilhaft ist, die Objektspiele nicht gleich an den Anfang zu setzen. Objektfreie Spiele haben den Vorteil, dass der Teamführer allein durch den Vorgang interessant wird. Bei Verwendung von MOs hingegen läuft vor allem der Anfänger Gefahr, dass der Hund sich viel mehr für das MO als für Herrchen oder

Der Teamführer muss lernen, sich beim Spannungsaufbau ins Spiel zu bringen. Zum Beispiel durch die Methode der »Augen-MO-Linie« (E.L.).

■ Der Teamführer sollte möglichst oft mithilfe eines kurzen Spannungsaufbaus die Konzentration des Hundes freisetzen.

Frauchen interessiert. Unsere Teamführer lernen daher zuerst einmal den MO-Umgang in Trockenübungen. In Bezug auf die *Augen-MO-Linie* gilt es, folgende Aufgabe zu erfüllen: Das MO wird auf der imaginären Linie der sich treffenden Augenpaare (Mensch-Hund) gehalten und geführt, so dass der Hund in jedem Falle auch die Mimik des Teamführers mit beobachten **muss**! Nach dem Spannungsaufbau folgt dann das Spannungshalten, die Spannungssteigerung, der Auslöser und zum Abschluss das Spiel.

Es liegt also allein am Teamführer, sich durch entsprechende *Imagination*, durch *Körperhaltung, Gestik, Bewegung* und *Mimik* interessant zu machen. Kurz bevor das MO beispielsweise geworfen wird, kündigt der Teamführer das Ereignis durch bestimmte, hundetypische Signale an: durch spannungsvolles *(stimulationssteigerndes!)* Einatmen und Atem-Anhalten, durch Aufreißen der Augen, durch Blickfixieren, durch Muskelspannung, durch Erstarren sowie durch andere Signale. Es dauert Wochen, bis beide Teampartner erfolgreich kommunizieren gelernt haben, aber der Erfolg wird nicht ausbleiben. Es macht übrigens einen Riesenspaß, auf diese »Art« mit dem

Hund umzugehen. Wenn wir gelernt haben, immer und überall – auf Spaziergängen, beim Warten vor der Ampel, im Café oder wo auch immer – mittels eines kurzen Spannungsaufbaus die Konzentration und Erwartung des Hundes freizusetzen, dann haben wir schon sehr viel erreicht. Also nicht vergessen: Spannungsaufbau üben! Und scheuen Sie sich nicht, auch immer wieder ohne Hund zu üben (Trockentraining!), das gilt ebenso für Fortgeschrittene.

Lerndisposition

Die Ursache zahlreicher Fehler liegt oft darin, dass eine Aufgabe in ungünstiger oder noch gar nicht vorhandener *Lerndisposition* (Lernbereitschaft) gefordert wurde. Daher achten wir bei Lernvermittlungen darauf, den Hund zuerst mittels Spannungsaufbau aufmerksam zu machen, die für den jeweiligen Hund geeignete Stimmungslage herzustellen und das Anspruchsniveau (Leistungsanforderung im Hinblick auf die zu erwartende Bewältigungswahrscheinlichkeit) zu optimieren. Das optimale Anspruchsniveau liegt etwa bei 50 Prozent. Auch das Motivationsniveau, je nach Typ zwischen 40 und 60 Prozent, muss gut vorbereitet werden. Bei Übermotivation ist der Hund eingeschränkt lernfähig. Bei Untermotivation fehlt die treibende Kraft, die nun einmal Voraussetzung für jede Form der Bewältigung ist. Weitere Punkte in der Lerndisposition betreffen das Verhältnis zwischen Bindung und Selbstständigkeit (*Bind-Selbst-Balance* = Bindung-Selbstständigkeit) sowie das Verhältnis der individuellen Entfaltung des Hundes zu seinem Einordnungsverhalten. Denken Sie immer wieder an die Balance-Vorgänge!

Optimale Lerndisposition aufbauen: Bei einer optimierten Lerndisposition ist der Hund ausreichend neugierig und aufmerksam und er ist empfänglich, das heißt, genau im richtigen Maße motiviert. Und er ist anpassungs- und verausgabungsbereit. Abgrenzend

Fotos 1 bis 3: ›Sitz‹-Vermittlung durch Bewegungs-Vorbild: Die Teamführerin stellt das rechte Bein vor den Hund, beugt die Knie und legt beide Handflächen auf der dem Hund zugewandten Seite ineinander. Die rechte Hand führt den Kopf, die linke den Rumpf. Hierbei beschreibt die linke Hand eine größere Bewegung als die rechte. Die Bewegungen der Hände und Arme werden durch die Ganzkörperbewegung unterstützt.

ausgedrückt: Er ist nicht zu hoch motiviert, nicht »überbordend« oder zu selbstständig oder gar spielführend.

Der richtige Zeitpunkt für das Einbringen einer Spiel-Aufgabe: Geht der Hund erwartungsvoll, vital und engagiert nebenher, indem er ununterbrochen aufsieht, ohne jedoch ständig hochzuspringen oder gar in die Kleider zu beißen, dann ist die optimale Lerndisposition erreicht und der Zeitpunkt günstig, um eine Spiel-Aufgabe einzubringen. Bei jungen Hunden allerdings wird man das Hochspringen zum Teil tolerieren und behutsam und vor allem geschickt darauf hinarbeiten, dass er es mit der Zeit unterlässt.

Junghunde ebenso wie spielunerfahrene Individuen zeigen die optimale Lerndisposition oft nur wenige Sekunden lang. Davor sind sie oft abgelenkt, nach diesem Zeitpunkt über- oder untermotiviert. Auf den richtigen Augenblick jedoch kommt es an. Wenn man die Aufgabe im Abgelenktsein stellt, wird sie der Hund nicht erfüllen können. Stellt man die Aufgabe in der Phase der Übermotivation oder Verselbstständigung, ist mit Fehlverhalten oder auch mit Autoritätsproblemen zu rechnen. Man muss lernen, den richtigen Augenblick zu erkennen und ihn dann auch ohne Zögern zu nutzen. Verpasst man einige Male hintereinander den optimalen Zeitpunkt, kann es vorkommen, dass die Konzentration des Hundes erschöpft ist. Danach »geht gar nichts mehr«.

Spannungsaufbau: Der *Spannungsaufbau* ist dem jeweiligen Hund anzupassen. Bei jungen Hunden dauert der gesamte Vorgang nur eine Sekunde oder weniger. Die einzelnen Punkte des Spannungsaufbaus werden erst nach und nach in ihrer vollen Ausprägung eingebracht. Und selbst beim fortgeschrittenen Hund wird es immer wieder vorkommen, dass man den einen oder anderen Punkt situationsgerecht modifizieren muss. Das gilt in Besonderem für die *Spannungsdehnung*. Kurz bevor der

1. Erst wenn der Bewegungsablauf stimmt, kommt der Hund ins Spiel.

2. Jetzt ist der Teamführer froh darüber, sich ganz und gar auf den Hund konzentrieren zu können.

3. Denn in jedem Augenblick kann etwas Unerwartetes passieren, und das gilt es dann richtig auszugleichen.

Hund die Konzentration nicht mehr halten kann, zeigt er dies an. Hier einige Beispiele: Spannungsabfall der gesamten Muskulatur oder in Teilbereichen, Kopfdrehen, Kopfsenken, Einstellen von Schwenkbewegungen der Rute, Absenken der vorher mehr oder minder aufgerichteten Rute. Blickrichtungswechsel, Intensitätsabnahme des Blicks, Haltungsänderung (der Hund setzt oder legt sich hin) usw. Bei Auftreten dieser oder anderer Anzeichen ist unverzügliches Handeln angesagt: Je nach Situation bemüht man sich, entweder die Aufmerksamkeit des Hundes nochmals zu gewinnen, indem man die Stimulation verstärkt oder andere Motivationsbereiche hinzuzieht *(Reizsummation),* oder aber den Motivationsbereich bzw. das MO (bzw. beides) wechselt.

Methodische Aufbauvarianten der Spiel-Übung ›Sitz‹

Angenommen, der Hund hat in einem kurzen Test besonders gut auf das ›Sitz‹ angesprochen. In diesem Falle entscheidet man sich am besten für das ›Sitz‹ als erste Übung. Und wir merken uns, dass in unserem Test beispielsweise das ›Platz‹ auch gut abgeschnitten hat. Ob wir dann wirklich mit dem ›Platz‹ weitermachen, wird ein Test unmittelbar vor dem Programmwechsel ergeben.

Das Wesentliche der Übung ›Sitz‹ ist die Veränderung einer vorher eingenommenen Körperhaltung in Richtung Sitzen, gekennzeichnet durch die senkrecht stehenden Vorderläufe, die angewinkelten Hinterläufe und die mehr oder minder ausgeprägte Bodenverbindung mit dem Gesäß. Die aus dem Sport bekannte Forderung der Bodenberührung lassen wir mal vorerst weg.

Wie kann man diese Aufgabe für den Hund verständlich und gleichzeitig lustvoll vermitteln? Hier einige Kurzbeschreibungen. Unter anderem bieten sich an:

Lernen durch Habituation (Gewöhnung): Immer, wenn sich der Hund von sich aus setzt, sagen wir ›Sitz‹ und belohnen ihn.

Lernen durch Nachahmung: Hier bietet sich vor allem die Körpersprache als Vermittlungsebene an. Der Hund wird jedoch während der gesamten Übung nicht berührt (auch nicht »ein bisschen«!). Allein durch entsprechende Körper-, Arm- und Handbewegungen teilen wir dem Hund mit, was wir von ihm wollen. Nach dem Spannungsaufbau setzen wir mit der Körpersprache ein. Je wirkungsvoller und verständlicher, desto größer die Erfolgschancen. Auf zahlreichen Seminaren hat sich herausgestellt: Oft entscheidet ein Detail der Körpersprache über Erfolg oder Misserfolg. Um Risiken zu vermeiden, sollten wir die optischen Signale optimieren. Das Hörzeichen lassen wir anfangs (etwa ein bis zwei Wochen) weg. Das hat den Vorteil, dass wir uns voll und ganz auf die Körpersprache konzentrieren können und dass wir nicht der Versuchung erliegen (bewusst oder unbewusst), den Hund mittels Hörzeichen zur Ausführung zu drängen oder gar zu zwingen. Er soll ja alles, wie schon erwähnt, aus innerem Antrieb (vermenschlicht gesagt »freiwillig«) machen.

Körpersprache ohne Hund üben: Es ist wichtig, dass der Teamführer die Körpersprache zuerst ohne Hund übt. Und zwar so lange, bis er den Ablauf sicher beherrscht, ohne sich auf Einzelheiten konzentrieren zu müssen. Denn wenn der Hund ins Spiel kommt, benötigt er unsere ganze Aufmerksamkeit.

Der Hund kann zwar die sich aus seinem Sehfeld entfernende linke Hand ab einem bestimmten Punkt nicht mehr sehen. Weil sie aber von Anfang an sichtbar war, wird die Weiterführung Ihrer Bewegung durch Schulter und Oberarm ersetzt.

Unmittelbar nach Abschluss der Aufgabe muss Lob folgen. Und es schließt sich, je nachdem, wie weit der Hund im Spielaufbau schon fortgeschritten ist und was sich als geeignet erwiesen hat, gegebenenfalls ein Spiel mit oder ohne MO-Bekräftigung (Bewegungs-, Futter- oder Beute-Spiel) an.

Was den Abschluss der Aufgabe betrifft, dürfen wir jedoch nicht den Fehler machen, von vornherein die vollständige Ausführung »Gesäß am Boden« zu erwarten. Gerade die intelligentesten Hunde schlagen uns in diesem Punkt oft ein Schnippchen. Wenn sie nicht gleich zum Erfolg kommen, weichen sie auf andere Verhaltensweisen aus: Sie bleiben in Spannung stehen, setzen sich nur halb ab oder fangen an zu springen oder den Teamführer zu umkreisen. Immer dann, wenn der Hund die richtige Bewegungsrichtung zeigt, muss er auf der Stelle belohnt werden. Nach drei bis vier Wiederholungen hat der Hund gelernt, dass sein Verhalten zum Erfolg führt. In der weite-

Die Bewegungsnachahmung (links) kann durch den Einsatz eines MOs verstärkt werden. Rechts sehen wir die ›Sitz‹-Vermittlung durch Haltungs-Adaption. Der Hund verfolgt das Objekt so lange nach hinten, bis die Haltung unbequem wird. Um das Objekt weiter verfolgen zu können und im Bedürfnis nach einer bequemeren Haltung setzt sich der Hund.

1 Vermittlung durch Adaptions-Stimulation. Die Teamführung wirft das in der Faust gehaltene Beute-MO (oder Futter-MO) senkrecht auf den Boden.

2 Der Hund folgt dem Objekt nach unten: Er legt sich hin.

ren Folge wird er, wenn man dann etwa das Lob einige Sekunden vorenthält, das tun, was er als zielführend erlebt hat: Er wird sich weiter absetzen. Vielleicht noch nicht ganz. Aber wie gesagt, in wenigen Wiederholungen hat der Hund das vollständige Absetzen gelernt.

Lernen durch Tryal and Error (Lernen durch Versuch und Irrtum): Zuerst stellen wir mittels Spannungsaufbau eine *Erwartungshaltung* her. Der Hund wird verschiedene Strategien entwickeln, um zum Erfolg zu kommen. Was er präsentiert, können wir in der Regel weder voraussagen noch beeinflussen. Das ist eine der Schwachstellen dieser Lernform. Trotzdem sollte man ihren Wert nicht unterschätzen. Zeigt der Hund im Verlaufe seiner Versuche das gewünschte Verhalten, indem er sich setzt

(oder entsprechende Ansätze zeigt), so folgen die üblichen Bekräftigungen.

Lernen durch (Haltungs-) Adaption: Hier noch einige methodische Kurzbeschreibungen, welche sich auch zur Kombination mit bereits besprochenen Methoden anbieten. Lernen durch (Haltungs-) Adaption ist eine der bekanntesten und ältesten Vermittlungsmethoden. Der Hund steht vor oder neben dem Teamführer; man nimmt entweder Futter oder ein Beute-MO in die Hand (für den Hund sichtbar), leitet den (individuell dosierten!) Spannungsaufbau ein und bewegt das Futter über den Kopf des Hundes nach hinten. Falls der Hund nicht übermotiviert ist und nach der »Beute« springt, wird er sich ab einem bestimmten Punkt hinsetzen, weil die stehende Haltung unbequem wurde und er aus sitzender Haltung die Bewegung besser verfolgen kann: Lernen durch Anpassung der Haltung.

Summender Flattermann bei Untermotivation: Für ruhigere Hunde ist diese Methode gut geeignet. Vitale und überaktive Hunde hingegen zeigen bei dieser Methode leider zu oft Ausfälle. Bei Untermotivation bietet sich an, das Futter zu animieren (zu beleben). Der Teamführer verwandelt das Futter in seiner Hand zu einem summenden Flattermann. Das hat den Vorteil, dass man immer dann, wenn der Hund zielabweichende Verhaltensweisen zeigt, den Flattermann schnell außer Reichweite fliegen lassen kann. Setzt sich der Hund, kommt der Flattermann näher, ist ungeschickt und wird geschnappt.

Problembewältigungen

Weicht der Hund nach hinten zurück statt sich hinzusetzen, brechen wir die Übung ab und gewöhnen ihn zuerst einige Tage an eine geeignete »Passive Einwirkung« (E.L., siehe dazu auch den Buchtitel »Mensch-Hund-Harmonie«). Hierfür bieten sich je nach Gegebenheiten (im Freien oder im Raum) ein Stuhl, eine Bank, ein Zaun oder eine Wand an. Besonders geeignet hat sich das »Leit-Set«, welches eigens für den Einsatz Passiver Einwirkung entwickelt wurde (E.L.). Es hat den Vorteil, dass

man je nach Zielsetzung entweder eine Linie, einen Winkel oder auch ein U damit formen kann (siehe Seite 154, Bezugsquellen *Ratfels*-MO®-MOT® Shops).

Springt der Hund hoch, kann man entweder das Stimulationsniveau reduzieren, ein anderes MO wählen, Beute durch Futter ersetzen, das MO tiefer halten oder langsamer führen oder die Spielgestaltung entsprechend modifizieren.

Hilfen für »korrektes« Sitzen

Soll der Hund später innerhalb bestimmter Sportarten auf das »korrekte« seitliche Sitzen vorbereitet werden, so sollte man relativ früh damit beginnen, die bereits beschriebenen »Passiven Einwirkungen« einzusetzen (siehe dazu auch das Video »Richtig Spielen mit Hunden«, Literaturverzeichnis, Seite 155). Bei entsprechender sportlicher Zielsetzung sollte man vermeiden, dass sich der Hund Haltungen und Bewegungen angewöhnt, die er später wieder ablegen muss. Umlernen ist schwieriger als neu lernen!

›Platz‹-Vermittlung durch Haltungs- und Bewegungs-Nachahmung. Die Teamführerin ereicht das ›Platz‹ allein durch Körpersprache. Diese Vermittlung hat sich gut im Anschluss an die Erstvermittlung durch das »Höhlen-Resonanz-Szenario« (siehe Seite 90 f.) bewährt.

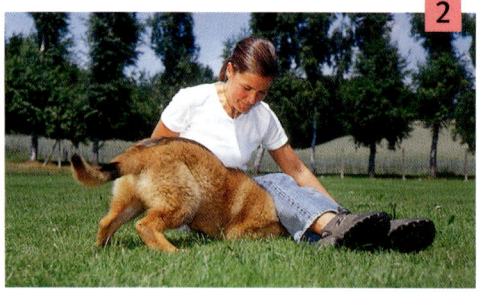

1 Mitten aus dem Basis-Spiel stimuliert die Teamführerin den Hund, so dass er seitlich herankommt.

2 Entweder akustisch, indem sie mit der Hand am Boden kratzt –

3 oder indem sie ein MO verwendet. Damit der Hund nicht unter den Knien hindurchschlüpfen kann, werden die Beine etwas flacher auf den Boden gelegt.

Methodische Aufbauvarianten der Spiel-Übung ›Platz‹

Hier eine der bekannten Vermittlungsweisen des ›Platz‹: Man nimmt ein Futter- oder Beute-MO in die Hand und bewegt die Faust nach unten, bis sie am Boden direkt vor den Vorderpfoten am Boden aufliegt. Der Hund kommt nach. Dieser Methode zufolge gibt die Hand das Futter erst frei, wenn der Hund ganz am Boden liegt. Mit der Zeit reagiert der Hund dann immer sicherer und wirft sich, wenn die Hand nach unten fällt, eindrucksvoll auf den Boden. Das Problem ist allerdings, dass sich manche Hunde nur halb hinlegen, nämlich mit den Vorderpfoten in einer Art Spielstellung, oder sie robben gleichzeitig vor.

Lernen durch Resonanz-Szenario: Hier eine Methode zur Erstvermittlung des ›Platz‹: (E. L., siehe dazu auch der Buchtitel »Mensch-Hund-Harmonie«): Der Teamführer stellt ein Szenario her, welches beim Hund bestimmte Verhaltensweisen abruft. Diese stammen entweder aus den angeborenen Auslösemechanismen (A. A. M) oder aus den erworbenen angeborenen Auslösemechanismen (E. A. A. M.). Innerhalb der E. A. A. M.s spielen die im sozialen Lernkontext angesiedelten Verhalten, welche im frühen Welpenalter vermittelt wurden, eine besondere Rolle. Der Vorteil der *Resonanz-Methode* (resonare = lat. wiederklingen, frei übertragen: erinnern) liegt darin, dass der Vorgang selbst nicht gelernt werden muss. Schneller, effizienter, ganzheitlicher und zu verlässiger als mittels Resonanz-Szenarien kann ein Hund nicht lernen. Für ›Platz‹ wurde das folgende Szenario ausgearbeitet.

Szenario aus der Basis-Übung: Wir bauen das Szenario aus der *Basis-Übung* auf. Der Teamführer sitzt mit leicht angewinkelten Beinen am Boden und stimuliert den Hund so, dass er sich seitlich nähert. Das Futter- oder Beute-MO wird beispielsweise zu einer Maus belebt und schlüpft unter die aufgestellten

Beine, welche eine Art Höhle bilden. Wichtig ist dabei, dass die Höhle so eng gestaltet wird, dass der Hund nicht hineinkriechen kann. Der Hund wird in dieser Situation ein tief verankertes Verhalten zeigen: »Das Lauern vor einer Höhle« – in liegender Position. Denn liegend kann er besser hineinsehen. Und, wie wir wissen, ist Liegen die Ausgangshaltung für ein etwaiges Hineinkriechen oder Schnauze-Reinstecken. Der Hund legt sich daher auf die Lauer – und **liegt** – ganz von selbst, ohne Hörzeichen, ohne Körpersprache. Einfach nur durch das Szenario. Nach wenigen Tagen kommt das Hörzeichen ›Platz‹ hinzu und in der weiteren Folge lässt sich das Szenario modifizieren. Eine andere Möglichkeit wäre, das man zur eingangs beschriebenen Methode übergeht.

Variante des Resonanz-Szenarios ›Platz‹: Diese Methode ist auch zur Weiterführung nach erfolgreicher Erstvermittlung durch das beschriebene Resonanz-Szenario geeignet. Man stimuliert den Hund, durch einen vorher aufgebauten Tunnel zu schlüpfen. Vor dem Tunnel folgt der plötzliche Spannungsaufbau und das Erstarren sowie der gleichzeitige Einsatz des »*Geistigen Zügels*« (Voraussetzung ist natürlich, dass der Hund den »*Geistigen Zügel*« schon kennt und angenommen hat, siehe Seite 47ff.). Der Hund wird vor dem Tunnel liegen bleiben und ebenfalls erstarren. In dieser Position lässt man ihn jedoch nur ganz kurz warten – anfangs weniger als eine Sekunde lang. Die Zeit wird ausgedehnt, und die Bestandteile des Tunnels werden nach und nach entfernt.

Abwechselndes Üben der Haltungsweisen ›Sitz‹ und ›Platz‹: Kann der Hund ›Sitz‹ und ›Platz‹, gehen wir dazu über, die beiden Haltungen abwechselnd zu üben. Sollte der Hund eine auch nur geringe Vorliebe für eine der beiden Haltungsweisen zeigen, so ist dies im Sinne der Balance auszugleichen. Das heißt, man betont vorübergehend die weniger gut angenommene Haltung.

Wie gewohnt, ermitteln wir durch einen kleinen Test, welche Übung als nächstes folgt. Angenommen, das Aufstehen bietet sich an.

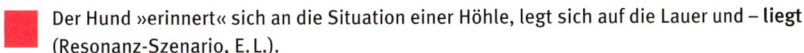

Der Hund »erinnert« sich an die Situation einer Höhle, legt sich auf die Lauer und – **liegt** (Resonanz-Szenario, E.L.).

Aufstehen
(Hörzeichen: ›Steh‹ oder ›Auf‹)

Auch hier hat sich die Nachahmungsmethode bewährt: mittels ganzheitlicher Körpersprache. Nach der üblichen Einstimmung folgt ein Spiel. Mitten im Spiel bringen wir den Hund – das hat er ja schon gelernt – in die ›Platz‹-Haltung. An Stelle der Belohnung durch ein nachfolgendes Spiel halten wir den Hund in seiner liegenden Position. Wir stellen uns entweder direkt vor ihn oder auch seitlich daneben, wobei wir gleichzeitig (bei leicht gespreizten Beinen) in die Hocke gehen. Beide Arme werden vor dem Körper verschränkt, so dass die Hände etwa auf gleicher Höhe liegen. Währenddessen sollte uns der Hund nicht aus den Augen lassen.

Bevor wir den Auslöser zum Aufstehen geben, steigern wir die Stimulation (Spannungssteigerung), z.B. durch Einatmen, Mimik, Muskelanspannung und mittels Geräusche. Stimulierendes Aufrichten will gelernt sein. Es muss plötzlich erfolgen. Wer hier zögert oder sich weich und langsam bewegt, darf sich nicht wundern, wenn ihn der Hund mit großen Augen ansieht. Dann richten wir uns plötzlich auf, strecken die Beine und schwingen die Arme zur Seite und nach oben. Auch das sollte erst ohne Hund geübt werden. Und auch hier kommt das Hörzeichen ›Steh‹ (›Auf‹) erst nach einigen Tagen hinzu.

1 Erst üben wir das ›Auf/Steh‹ trocken (mit Hund, s. Foto Seite 96). Man geht tief in die Hocke, senkrecht nach unten ohne sich vorzubeugen, sieht den Hund an und baut Spannung auf.

2 Foto 2 bis 4: Dann folgt das Aufrichten, welches als Auslöser auszuführen ist: ruckartig, zur Nachahmung einladend, hoch stimulierend.

Problembewältigung

Es kommt vor, dass der Hund nicht aufsteht, obwohl der Teamführer alles richtig gemacht hat. Das macht nichts. Dieser Hund hat noch nicht gelernt, auf Körpersprache zu antworten oder er meint, er müsse im ›Platz‹ verweilen. Es wäre falsch, den Vorgang in gleicher Weise mehrmals zu wiederholen. Wir locken den Hund zu einem Spiel und beginnen noch einmal neu. Bleibt der Hund wieder liegen, so springen wir auf und gleichzeitig nach vorne, wobei wir eine Laufaufforderung mit einbringen. Der Hund wird aufgrund der auslösenden Signale aufspringen und herkommen. Diesen

Die Endphase der ›Steh‹-Vermittlung: Die Teamführerin hat sich hoch aufgerichtet, steht auf den Zehen und die Hände zeigen weit nach oben. Gleichzeitig hält sie den freundlichen, einladenden Blickkontakt zum Hund aufrecht.

Ablauf wiederholen wir gegebenenfalls noch einige Male. Dann springen wir wieder auf, bleiben aber diesmal im Stand. Möglicherweise kommt uns der Hund das erste Mal noch entgegen. Mit Hilfe des »Geistigen Zügels« zeigen wir dem Hund, dass er sich nach dem Aufrichten nicht in Bewegung setzen soll.

Methodische Hinweise für das ›Steh‹

Wenn der Hund die vorausgegangenen Aufgaben gelernt hat, fällt das Anhalten in der Regel leicht: Man geht mit dem Hund einige Schritte geradeaus oder in einem Kreis, stellt eine günstige Lerndisposition her und vermittelt durch eigenes Anhalten, dass auch der Hund stehen bleibt. Im Anhalten beugen wir ein wenig die Knie, halten den Atem an und bleiben regungslos stehen: »Die ganze Welt steht still«. Unterstützt wird die Körpersprache durch den »Geistigen Zügel«, möglicherweise kommt zusätzlich ein »In-Front-Stellen« hinzu. Es ist jedoch darauf zu achten, dass man den Hund anfangs nur ganz kurz stehen lässt und nach einem kurzen Augenblick des *Spannungshaltens* sofort zum Weitergehen animiert. Auf diese Weise wird vermieden, dass sich der Hund absetzt oder die Konzentration verliert. Gleich nach dem Anhalten folgt die übliche Bekräftigung. Mit der Zeit und mit den Wiederholungen wird dann die Zeit des Stehenbleibens verlängert.

In weiterer Folge

Im weiteren Verlauf lernt der Hund, alle sechs Aufgaben in jeder Konstellation auszuführen. Es wird nun immer wichtiger, den Hund nicht

Foto 1 bis 4: Auch beim Anhalten (›Stop‹, ›Halt‹ oder ›Steh‹) geht man von der optimalen Lerndisposition aus, die man sich im gemeinsamen Gehen aufbaut. Ist der Augenblick günstig, stellt man das rechte Bein vor den Hund (geht der Hund rechts, ist es das linke Bein) und hält an, wobei man gleichzeitig den ›Geistigen Zügel‹ einsetzt (siehe Fotos Seite 97).

In diesem Augenblick »steht die ganze Welt still«: Gesichtsausdruck, Atmung und Körperhaltung sind wie versteinert. Dies unterstützt nicht nur das Anhalten. Es fördert gleichzeitig den nächsten methodischen Schritt, das positiv gestimmte Verweilen nach dem Anhalten, das Stehenbleiben.

jedes Mal zu bestätigen. Immer häufiger wird man den letzten Punkt der Stimulationskette, das Bekräftigen mittels Lob oder Spiel, aussetzen und durch den Übergang zu einer neuen Aufgabe ersetzen. Das Aussetzen der Bekräftigung will gelernt sein. Keine Angst vor dem gezielten Absetzen der Bekräftigung! Wenn es bis hierher gelungen ist, den Hund in ununterbrochen lustvoller Stimmung zu halten, so führt das Aussetzen der Bekräftigung zu keiner Frustration. Folgt anstelle der Belohnung (Bewegung, Futter, Beute oder andere Motivationsbereiche) der Übergang zu einer neuen Aufgabe, charakterisiert durch die ritualisierten Elemente des Spannungsablaufs, so ersetzt dieser Vorgang, welcher ja wiederum eine Erwartungshaltung freisetzt, die ursprüngliche Erwartung. Ob die nachfolgende Erwartung die Intensität der ursprünglichen erreicht, hängt von zahlreichen Faktoren ab. Grund-

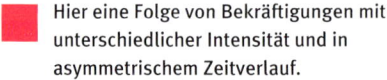

Hier eine Folge von Bekräftigungen mit unterschiedlicher Intensität und in asymmetrischem Zeitverlauf.

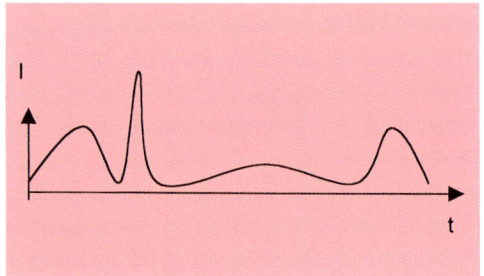

sätzlich ist alles offen: Es kann sich eine höhere, tiefere oder gleich hohe neue Erwartung einstellen. Hier einige Zusammenhänge und Regeln für den variablen Umgang mit Bekräftigungen. Wir unterscheiden:

➤ **Lückenlose Bekräftigung:** Nach jeder Stimulation folgt unmittelbar die Belohnung;

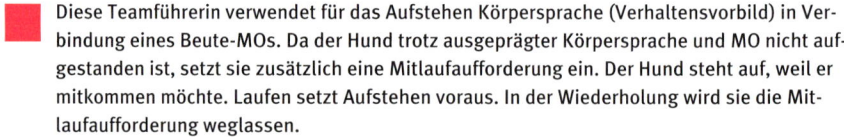

Diese Teamführerin verwendet für das Aufstehen Körpersprache (Verhaltensvorbild) in Verbindung eines Beute-MOs. Da der Hund trotz ausgeprägter Körpersprache und MO nicht aufgestanden ist, setzt sie zusätzlich eine Mitlaufaufforderung ein. Der Hund steht auf, weil er mitkommen möchte. Laufen setzt Aufstehen voraus. In der Wiederholung wird sie die Mitlaufaufforderung weglassen.

➤ **Symmetrische Intervall-Bekräftigung:** Die Bekräftigung erfolgt in symmetrischen Abständen, beispielsweise nach jeder zweiten oder fünften Wiederholung. Beispiele: 1:2 = Bekräftigung jedes zweite Mal; 1:4 Bekräftigung jedes vierte Mal;

➤ **Asymmetrische Intervall-Bekräftigung:** Bekräftigung in unvorhersehbarer Reihe. In kleiner, mittlerer und extremer Asymmetrie (E.L.). Kleine Asymmetrie: Der Abstand vom kleinsten zum größten Intervall beträgt nicht mehr als das Dreifache. Mittlere Asymmetrie: Der Abstand vom kleinsten zum größten Intervall beträgt nicht mehr als das Fünffache. Extreme Asymmetrie: Der Abstand vom kleinsten zum größten Intervall beträgt das Zehnfache und mehr. Beispiel: Asymmetrische Intervall-Bekräftigungsreihe (klein): 1:3 – 1:3 – 1:2 – 1:1 – 1:3; Mittel: 1:1 – 1:5 – 1:2 – 1:3 – 1:4 – 1:1 – 1:5 – 1:5; Extrem: 1:1 – 1:10 – 1:5 – 1:15.

Tests haben ergeben, dass Verhalten bei **Lückenloser Bekräftigung** besonders schnell geformt werden kann, weshalb sich diese Bekräftigungsart (meines Erachtens!) besonders für die ersten Stufen von Lernprozessen anbietet.

Die **Symmetrische Intervall-Bekräftigung** bewirkt eine relativ schnelle Festigung des veränderten Verhaltens, weshalb sie von vielen Trainern im direkten Anschluss an die Lückenlose Bekräftigung eingesetzt wird.

1 ›Anhalten‹ mittels Körpersprache (Verhaltensvorbild) in Verbindung mit MO-Stimulation und mit zusätzlichem Einsatz des »Geistigen Zügels«.

2 Nach kurzem Stehenbleiben folgt ein Freies Spiel oder mit einer ruckartigen Bewegung die Möglichkeit zum Anbeißen.

Die **Asymmetrische Intervall-Bekräftigung** eignet sich zur Absicherung des gelernten und gefestigten Verhaltens (Absicherung gegen innere und äußere Ablenkungen). Bei extremen Intervall-Reihen beugt die asymmetrische Bekräftigung naheliegenderweise auch dem Vergessen, Versanden oder Auslöschen (Extinktion) vor. Ein Hund, der nach 30 bekräftigungsfreien Wiederholungen dann doch wieder bekräftigt wird, hat gelernt: »Es kann mitunter lange dauern, aber das Warten lohnt sich.«

Selektieren und Variieren: Die Intervalle gezielt einzusetzen ist jedoch nur eine Ebene. Ebenso wichtig wie die Intervalle ist das *Selektieren* (Auswählen) und *Variieren* (Abwechseln): Zur Selektion gehört unter anderem die Wahl des Motivationsbereiches und die Wahl des MOs. Zum Variieren gehören unter anderem die Spielgestaltung und das Variieren des *Stimulationsniveaus*. Wir zeigen links abgebildet ein Beispiel einer *Stimulations-Variation* in der *Zeit-Intensität-Relation*.

5 Gruppe: Drei Ablenkungen

Kurzbeschreibung

Zeitrahmen bzw. Wiederholungen: Maximalzeit 40 Sekunden.

Ablauf: Nach Abschluss der Grundhaltungen leint der Teamführer seinen Hund an (Meter- oder Aufrollleine) und wartet den Juroreneintrag ab (Spielen, Gehen, Streicheln oder Laufen sind erlaubt). Der Ansager gibt mittels Handzeichen den Beginn der neuen Übung an. Das Team nähert sich der inzwischen herangetretenen Ablenkungsgruppe (Standort: Mitte des Vorführfeldes) bis auf einige Schritte. Die Ablenkungsgruppe besteht nach Möglichkeit aus einer Frau, einem Mann und einem Jugendlichen. Steht kein Jugendlicher zur Verfügung, so kann ein weiterer Erwachsener hinzugezogen werden. Die Ablenkungspersonen stehen im Abstand von zwei bis drei Schritten zuerst im Dreieck und anschließend in einer Linie.

Umrunden und Queren der Dreiecksgruppe: Die Dreiecksgruppe ist einmal zu umrunden und anschließend einmal zu queren. Der Hund ist bei allen Aufgaben dieser Übung zwischen Ablenkungsperson und Teamführer zu führen. Die Leine muss locker durchhängen: Ziehen an der Leine führt zu Minderbewertung. Während weiterer drei Umrundungen bewegen sich die Hilfspersonen auf der Stelle, und bei jeder Umrundung sorgt die entsprechende Hilfsperson für die vorher vereinbarte und vom Prüfungsleiter zugeteilte Ablenkung. Es sind Ablenkungen im visuellen, akustischen und olfaktorischen Bereich (Sehen, Hören, Riechen) vorgesehen. Auch Kombinationen sind zulässig. Bei Kombinationen ist jedoch auf klare Unterschiede der drei Ablenkungen zu achten. Im Anhang der Prüfungsordnung ist eine Liste mit Ablenkungsbeispielen angegeben. Die in der Prüfung ausgewählten Ablenkungen können innerhalb der Ausschrei-

bung bekannt gegeben werden. Hier einige wenige Beispiele:

➤ Arme ausbreiten
➤ Regenschirm aufspannen
➤ Wurst hervorholen
➤ auf der Stelle hüpfen
➤ Geräusche, Laute, Wörter, Sätze.

Während der gesamten Übung darf der Teamführer den Hund nach Belieben stimulieren. MO-Belohnungen (Anbiss oder Futtergabe) sind jedoch erst am Ende der Übung erlaubt. Verbales Lob ist jederzeit erlaubt. Formales »Fuß-Gehen« ist nicht gefordert. Der Hund sollte jedoch einigermaßen nah am Teamführer mitlaufen (Abstand zwischen einem halben und zwei Schritten).

Motivationsstabilität: Das Team führt vor, ob und wie weit es gelungen ist, die Motivations-Stabilität des Hundes auszubauen und die Motivation im Spiel zu festigen (*Motivationsstabilität*). Der Hund soll sich im Spiel mit seinem Teamführer möglichst wenig durch äußere Einflüsse (Menschen, Artgenossen, Geräusche, Gerüche, visuelle Eindrücke sowie Kombinationen) ablenken lassen. Gewünscht wird körpernahes Mitgehen ohne ständiges Hochspringen oder Bellen.

Ansage

Ansage: »*Start*« – »*noch 40 Sekunden*« – »*noch 30*« – »*noch 20*« – »*noch 10*« – »*Achtung! Noch 5!*« – »*Ende*« *(bzw. vorzeitig* »*beendet*«*)*.

Ansage: »*Bitte Juroreneintrag abwarten.*«
Während des Juroreneintrags wird die nächste Übung angekündigt.
Ansage: »*Es folgt Übung 6: Begegnungen – Sozialisation (Mensch-Hund).*«
Mögliche, erweiterte Ansage:
»*Hier steht die Unbedenklichkeit des Hundes anderen Menschen gegenüber im Vordergrund. Freundliche Annäherung oder Ignorieren ist in Ordnung. Angst oder Aggression können zur Disqualifikation führen. Belästigen ergibt Minderbewertung.*«
Nach abgeschlossenem Juroreneintrag folgt Startfreigabe.

1	Hier sehen wir die Übung »Drei Ablenkungen«.
2	Zuerst wird die Dreieckgruppe umkreist.
3	Dann durchquert das Team zielstrebig die Gruppe.

Kernziele (qualitative Ebene):

➤ **Kernziele Mensch:** *Stimulative Kommunikation, Akti-Dämpf-Balance, Stim-Aut-Balance, Entscheidungsqualität, Handlungskonsequenz.*

➤ **Kernziele Hund:** *Bind-Selbst-Balance, Unablenkbarkeit, Einordnung (u.a. Spielregeltreue), Aufmerksamkeit, Körpernahes Mitgehen.*

Übungsaufbau

Didaktik-Methodik: Die Übung verfolgt mehrere Ziele. Es geht nicht nur um Unablenkbarkeit. Der Hund zeigt in dieser Übung gleichzeitig die Begegnungs-Unbedenklichkeit Menschen gegenüber. Diese steht zwar nicht im Vordergrund, aber immerhin begegnet das Team drei Personen. Durch die starke Stimulation konzentriert sich der Hund auf den Teamführer. Auf diese Weise treten mögliche (geringfügige) soziale Unsicherheiten in den Hintergrund. Bei ausgeprägten psychischen Störungen kann es allerdings vorkommen, dass die Stimulation nicht ausreicht, um sich am Begegnungsproblem »vorbeizuspielen«. In Fällen schwer gestörter Hunde ist eine

Die drei Personen werden einzeln umkreist (360°!), wobei jede Person eine Ablenkung provoziert: Dies kann erstens visuell (z. B. einen Regenschirm aufklappen oder Hüpfen), zweitens akustisch (z. B. durch die Stimme oder in die Hände klatschen), drittens olfaktorisch (Hervorholen einer Wurst) geschehen.

spezielle therapeutische Behandlung angezeigt. Ein durchschnittlicher Kursablauf kann
dies jedoch nicht leisten! Die meisten Hunde
haben mit der beschriebenen Aufgabenstellung keine Probleme. So lange der Teamführer
in ihrer Nähe ist und den Hund durch Kommunikation unterstützt sowie durch Laufen
und weitere Stimulationen an sich bindet,
nehmen viele Hunde die Ablenkungspersonen
gar nicht oder nur am Rande wahr. Gelegent-
lich auftretende Ablenkungen, etwa wenn der
Hund an der gut riechenden Wurst vor-
beiläuft, lassen sich durch Verstärkung oder
Variieren der Spielgestaltung beheben.

Methodischer Aufbau: Der methodische
Aufbau der Übung ist relativ einfach. Anfangs
reduziert man die Aufgabenstellung auf eine
einzige Ablenkungsperson, die dem Hund ver-
traut ist, jedoch nur passiv dasteht. Andere Ablenkungen werden zunächst vermieden und
die Übung dauert nicht länger als zehn Sekunden: Der Teamführer läuft mit seinem angeleinten Hund auf den Platz in Richtung Ablenkungsperson, stimuliert den Hund, umrundet
die Person und läuft wieder hinaus. Für den
Fall, dass sich der Hund abgelenkt zeigt, wird
die Übung in kleinen Schritten aufgebaut.
Nach und nach kommen dann weitere, dem
Hund bekannte Personen hinzu. Hin und wieder sind es aber auch fremde, die wiederum
anfangs nur ruhig dastehen. Mit zunehmender
Sicherheit des Hundes werden dann Ablenkungen hinzugefügt. Auch diese erscheinen
erst einmal einzeln und isoliert, später dagegen kurz aufeinander folgend oder auch in
Kombination. Mit der Zeit wird der Hund
auch extreme Ablenkungen ignorieren. Es
macht große Freude, die Unablenkbarkeit des
Hundes immer weiter auszubauen und wachsen zu sehen. Die Übung sollte im fortgeschrittenen Stadium jedoch nicht auf den
Sportplatz beschränkt werden! Man übt immer wieder mal auf fremden Plätzen und in
völlig anderer Umgebung. Auf diese Weise
wird der Hund immer sicherer.

Begegnungs-Unsicherheiten des Hundes:
Wenn der Hund leichte Begegnungs-Unsicherheiten zeigt, dann müssen die Anforderungen auf ein annehmbares Maß reduziert
werden. Der Ausbau der Begegnungsunbedenklichkeit kostet oft viel Mühe und ein ho-
hes Maß an Geduld. Im Sinne der Desensibi-
lisierungs-Techniken werden die Reize nur in
kleinsten Schritten verstärkt. Derartige Reha-
bilitationsvorgänge gehören jedoch in die
Hand erfahrener und gut ausgebildeter Fach-
kräfte. Auch diese Übung fordert den Teamführer heraus, in der Spielgestaltung das richtige Maß zu finden. Neigt der Hund zum
Hochspringen oder begeht er andere Regelwi-
drigkeiten, so sollte man zuerst sämtliche
Möglichkeiten der Balancevorgänge ausschöp-
fen, bevor man auf Zwangseinwirkungen
zurückgreift. Es bietet sich außerdem an, die
Motivation so zu dosieren, dass der Hund
zwar ausreichend stimuliert wird, aber gleichzeitig nicht »überbordet«. Das lässt sich zum
Beispiel durch das Lauftempo, durch zusätzliche Geräuschstimulationen oder durch die
vielen anderen, schon besprochenen Möglichkeiten erreichen.

6 Gruppe: Begegnungen

Kurzbeschreibung

Zeitrahmen bzw. Wiederholungen: Maximalzeit 40 Sekunden.

Ablauf: Auf Handzeichen des Ansagers sucht sich der Teamführer eine der drei Personen aus. Eine der beiden nicht ausgewählten Hilfspersonen entfernt sich in Richtung Korridormitte, wo sie sich seitlich am Rand aufstellt. Die zweite Person bleibt stehen.

Anschließend geht das Team in Richtung Korridormitte. Gleichzeitig beginnt die im Korridor stehende Person, dem Team entgegenzulaufen und die auf dem Vorführfeld stehende Person läuft von hinten am Team vorbei nach vorn. Nach Abschluss der Ablenkungsaufgaben folgt während der Juroreneinträge ein kurzes Spiel oder das Laufen zur Startlinie und wieder zurück.

1 Nach den »Drei Ablenkungen« sucht sich die Teamführerin eine der drei Personen für den Begegnungsteil aus, wie oben abgebildet ist. Die beiden anderen gehen inzwischen in den Korridor (neuere Variante: Eine Person bleibt im Vorführfeld, die andere geht in den Korridor).

2 Es folgt die Begrüßung aus Distanz: Die Teamführerin begrüßt die Hilfsperson durch Winken und Ansprechen. Diese erwidert die Begrüßung in gleicher Weise.

3 Dann nähert sich die Teamführerin mit ihrem angeleinten, körpernah mitgehenden Hund der Hilfsperson.

Es folgt die übliche Begrüßung der beiden Personen mit Handschlag und kurzem Gespräch.

➤ **Begrüßung von weitem:** Der Teamführer begrüßt die Hilfsperson durch Winken und Ansprechen. Die Hilfsperson erwidert die Begrüßung in gleicher Weise. Daraufhin nähert sich der Teamführer mit seinem angeleinten, körpernah mitgehenden Hund der Hilfsperson.

➤ Es folgen die **übliche Begrüßung mit Handschlag und Wechseln einiger Worte**: Der Hund darf, muss aber nicht ins ›Sitz‹ gerufen werden. Hochspringen, Anbellen und andere Unarten führen zu Minderbewertung.

➤ Der **Teamführer berührt auf freundliche Art die Schulter der Hilfsperson**, welche den Vorgang erwidert. Auch hier darf sich der Hund weder ängstlich noch aggressiv oder belästigend zeigen.

➤ **Am Team vorbei in Richtung Korridor:** Im Vorbeilaufen grüßt der Teamführer die beiden laufenden Personen durch hörbares Ansprechen und durch Winken.

Anschließend stellt sich das Team vor der Jurorenloge auf, um die Kommentare entgegenzunehmen. Der erste Teil der Prüfung ist damit beendet.

Ansage

Ansage: »*Start*« – »*noch 40 Sekunden*« – »*noch 30*« – »*noch 20*« – »*noch 10*« – »*Achtung! Noch 5!*« – »*Ende*« (bzw. »*beendet*«).

Ansage: »*Bitte Juroreneintrag abwarten und anschließend vor die Jurorenloge treten. Es folgen die Kommentare zum ersten Prüfungsteil.*« (Pause)

Ansage: »*Gruppe X mit den Startnummern X, Y, Z möge sich bitte bereithalten.*«

Wenn die Juroreneintragungen abgeschlossen sind, werden die Jurorenwertungen vorgestellt:

Ansage: »*Von links nach rechts hören wir die Kommentare für den Teamführer im ›Formalen Bereich‹, gegeben von …, für den Teamführer im ›Qualitativen Bereich‹, gegeben von…, für seinen Partner im ›Formalen Bereich‹, gegeben von … – und im Qualitativen Bereich, gegeben von …*«

(Die Juroren stehen einzeln auf.)

Ansage: »*Es folgen die Jurorenkommentare für das Team mit der Startnummer X, Teamführer X mit seinem Partner Y.*«

Ansage nach den Kommentaren des letzten Teams: »*Ende des 1. Teils. Der 2. Teil folgt um XX : XX Uhr. Die Team-Gruppen X und X mit den Startnummern XX ff mögen sich rechtzeitig im Vorbereitungsbereich einfinden.*«

Kernziele (qualitative Ebene)

➤ **Kernziele Mensch:** *Teamführer-Autorität »Geistiger Zügel«, ggf. Korrekturgestaltung,*

Dieser Hund zeigt aufmerksames Hochsehen, ohne den begegnenden Menschen zu belästigen.

ggf. Entscheidungsqualität, ggf. Handlungskonsequenz.

➤ **Kernziele Hund:** *Begegnungsunbefangenheit (fremden Menschen gegenüber), Bind-Selbst-Balance, Führigkeit, Spielregeltreue (frei von Unarten). Auch während der Jurorenkommentare: Führigkeit und Einordnung.*

Übungsaufbau

Didaktik-Methodik: Der Hund soll bei Begegnungen mit Menschen Unbefangenheit, Freundlichkeit (oder Gleichgültigkeit) sowie Selbstsicherheit zeigen. Die Aufgabe des Teamführers besteht darin, hierzu in der für seinen Hund individuell geeigneten Weise beizutragen. Bei ängstlichem, unsicherem, unfreundlichem, belästigendem oder aggressivem Verhalten des Hundes muss der Teamführer in geeigneter Weise eingreifen. Auf die besondere Bedeutung der *Begegnungsunbedenklichkeit* wurde bereits hingewiesen. Im methodischen Aufbau folgen wir der vorangegangenen Spielübung. Dort stand die Unablenkbarkeit im Vordergrund. Hier ist es die soziale Unbedenklichkeit, welche auf dem Prüfstand steht.

Problembewältigung: Es ist in mehrfacher Hinsicht von Vorteil, wenn Begegnungen zwischen Mensch und Hund häufig geübt werden, in fortschreitendem Schwierigkeitsgrad und in variabler Form. Hierzu bietet die vorliegende Übung zahlreiche Abwandlungsmöglichkeiten. Für den Teamführer ergibt sich die Schwierigkeit, dass er sich beim Begrüßen auf zweierlei gleichzeitig konzentrieren muss. Auf seinen Hund und auf den zu Begrüßenden. Je besser der Hund sich ein- und unterordnen gelernt hat, desto problemfreier und harmonischer verlaufen Begrüßungen. Im Training auf dem Platz, wo man mit Gleichgesinnten üben kann, sollte man die Gelegenheit nutzen und sich anfangs voll auf den Hund konzentrieren. Erst mit der Zeit, wenn das Verhalten des Hundes bei Begegnungen vorhersehbar und problemfrei wurde, kann man sich immer mehr dem gegenüberstehenden Menschen widmen. Nebenbei jedoch hat man immer noch den Hund im Blickwinkel für den Fall, dass doch eine Korrektur erforderlich ist. Verletzt der Hund die Spielregeln, springt er Menschen an oder belästigt er sie auf andere Art und Weise, so gilt es schnell und entschlossen einzugreifen. Leider trifft man immer wieder auf Hundehalter, die ihrem Hund wohl das eine oder andere untersagen, aber man sieht von weitem, dass es ihnen nicht wirklich ernst ist mit ihrem »Nein, Flocki«. Und Flocki macht auch nicht die geringsten Anstalten, Frauchens oder Herrchens Schein-Verbote in die Tat umzusetzen. Probleme bei Begegnungen können jedoch auch in eine ganz andere Richtung weisen: Wenn der Hund sich etwa ängstlich oder unsicher zeigt. Hier würden scharfe Worte oder gar ein Nackengriff des Teamführers die Störung noch verstärken. Bei mangelnder Selbstsicherheit gilt es, dem Hund immer wieder viele Gelegenheiten zu bieten, in welchen er sich bewähren kann und die ihn erleben lassen, dass seine Befürchtungen unbegründet sind. Hundesportvereine bieten hervorragende Möglichkeiten, mit sachkundigen Freunden Mensch-Hund-Begegnungen zu planen und zu üben.

Der Teamführer geht in Richtung Korridor, wobei ihm zwei Läufer, der eine von vorn, der andere von hinten begegnen (hier ist die alte Prüfungsform abgebildet: Beide Läufer kommen von vorn). Die sich Begegnenden begrüßen sich. Der Hund muss sich unauffällig zeigen.

7 2 x Stimulations-betonung ohne MO

Kurzbeschreibung

Zeitrahmen bzw. Wiederholungen: Minimalzeit 2 x 10 bis 20 Sekunden.

Kurzbeschreibung Ablauf: Das Team führt zwei objektfreie Spiele zu je 10 bis maximal 20 Sekunden und in jeweils unterschiedlicher *Stimulationsbetonung* vor. Die Betonung muss deutlich hervortreten! Am Ende der ersten Betonung soll ein deutlicher *Betonungswechsel* zu sehen sein. Am Ende der zweiten Betonung steht es dem Teamführer frei, den Hund nach eigener Wahl zu belohnen.

Inhalte und Ablauf: Wurden die beiden Stimulationsbetonungen nicht schon vorher bekannt gegeben, so teilt der Teamführer dem Ansager im Einstimmungsfeld die beiden gewählten Stimulationsbetonungen mit. Während des Einlaufens teilt dann der Ansager die beiden Stimulationsbetonungen dem Publikum mit. Nach dem Start läuft (oder geht) das Team (ohne den Hund anbeißen zu lassen oder Futter zu geben) ohne viel Zeit zu verlieren in Richtung Mitte des Vorführfeldes. Dort angekommen, hebt der Teamführer die Hand.
Ab diesem Augenblick beginnt die Übung »2 x Stimulationsbetonung ohne MO«. Die Aufgabe besteht aus zwei aufeinanderfolgenden, objektfreien Spielen: Der Teamführer soll zeigen, dass und wie es ihm gelingt, den Hund nicht durch Leine, Kommandos oder MO-Stimulation, sondern ausschließlich durch zwei aufeinander folgende objektfreie Spiele in *Stimulationsbetonung* aufmerksam zu halten (innerhalb von 2 x 10 bis maximal 20 Sekunden). (*Stimulationsbetonung* = innerhalb mehrerer verschiedener Motivationsbereiche wird ein bestimmter Bereich besonders hervorgehoben).

Der Teamführer hat die Wahl zwischen:
➤ Haltung und Bewegung
➤ Akustik (Geräusche und/oder Stimme)
➤ Gestik und/oder Mimik
➤ Berührung.

Der Teamführer macht sich auf verständliche und motivierende Art und Weise interessant. Vom Hund werden erwartet, bei gleichzeitiger Führigkeit und Spielregeltreue:
➤ Neugier
➤ spannungs- und erwartungsvolle Aufmerksamkeit
➤ Spiel-Bindung
➤ Unablenkbarkeit
➤ Spiel-Lust
➤ individuelle Entfaltung.

Während der gesamten Zeit darf der Hund nicht belohnt werden. Futter- oder Beute-MOs dürfen zwar mitgeführt, aber nicht sichtbar getragen oder sichtbar als Reizmittel eingesetzt werden. Unterstützendes, simultanes Beute- oder Futter-MO-Handling ist nur in Verbindung mit einer Geräusch- oder Mimikbetonung erlaubt. Beute- oder Futterbetonung ist nicht im Sinne der vorliegenden Übung. Für Beute- und Futter-MO-Spiel gibt es eine eigene Übung. Hörzeichen sowie das Rufen mit Namen sind zu vermeiden (siehe dazu auch die Spielregeln der Prüfungsordnung, Seite 148f.).

Ausnahme: Wenn der Hund sich verselbstständigt, ist es nicht nur erlaubt, sondern angebracht, die Rangordnung wiederherzustellen, beispielsweise mittels unterordnendem, strengem ›Platz‹. Geistige Aufmerksamkeit wird als ebenso wertvoll angesehen wie Bewegungsaktivität.

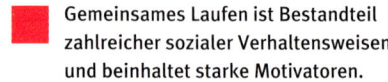 Gemeinsames Laufen ist Bestandteil zahlreicher sozialer Verhaltensweisen und beinhaltet starke Motivatoren.

Neugierig und erwartungsvoll blickt dieser Hund zu seinem Teamführer.

Ansage

Ansage: »*Als Stimulationsbetonungen wurden gewählt: … und …*« – »*Start*« – »*noch 10 Sekunden*« – »*noch 5*« – »*Ende des ersten Teils; Betonungs-Wechsel*« – »*noch 10 Sekunden*« – »*noch 5*« – »*Ende*«.
»*Bitte Juroreneintrag abwarten.*«
Ansage: »*Es folgt Übung 8: Futter-Spiel. Minimalzeit 15 Sekunden.*«
Nach Belieben Erläuterung: »*Hier werden unter anderem Animation, Futter-Handling sowie die Unablenkbarkeit des Hundes bewertet. Jedes Wegsehen führt zu Minderbewertung.*«
Nach Abschluss des Juroreneintrags folgt Startfreigabe für Übung 8.

Kernziele (qualitative Ebene)

➤ **Kernziele Mensch:** *Imagination, Spannungsaufbau, Stimulation, Spielreichtum, stimulative Kommunikation (Körpersprache u. a.)*
➤ **Kernziele Hund:** *Neugier, Kommunikation, Empfänglichkeit, Unablenkbarkeit, Erwartung.*

Übungsaufbau

Didaktik-Methodik: Ein wesentlicher Inhalt in TEAM-Balance ist der Umgang mit den unterschiedlichen *Motivationsbereichen*, wobei die Unterschiede gezielt in den Dienst der jeweils anstehenden Aufgabe und der beiden Team-Individuen gestellt werden. Methodisch gesehen geht es zuerst einmal darum, die unterschiedlichen Motivationsbereiche vom Verhalten des Hundes her verständlich zu machen. Das dürfte angesichts der vielen Parallelen zwischen Mensch und Hund nicht schwer fallen.
Im weiteren Verlauf, oder auch parallel hierzu, wird der praktische Umgang mit der eigenen Körpersprache geübt. Zwar hat sich der Erwachsene im Hinblick auf Bewegungsmotivationen von ursprünglicher Empfänglichkeit für diesbezügliche Reize oft weit entfernt. Bei Kindern jedoch kann man noch die natürlichen, tief verankerten Bedürfnisse und Reaktionen beobachten.
Der (in der Regel) erwachsene Teamführer muss den Umgang mit den Motivationsbereichen erst wieder erlernen. Hierzu bieten sich verschiedene Wege an – Wege, die sich auch kombinieren lassen. Unter anderem sind dies:
➤ Beobachten, am Beispiel des eigenen Hundes oder aber in Form von Videos – oder durch Lesen
➤ Trockentraining
➤ Spiele unter erwachsenen Menschen, Spiele mit Kindern
➤ Spiele mit dem eigenen und mit fremden Hunden.

Stimulationsbetonung »Haltung und Bewegung«

Beginnen wir mit einem der wichtigsten Motivationsbereiche, mit »Haltung und Bewegung«. Welcher Hundehalter wüsste nicht, dass Herrchens oder Frauchens Aufstehen und Weggehen ein starker Auslöser ist. Viele Hunde springen vom Dösen oder Schlafen auf, um das Weggehen nicht zu verpassen und um mitzukommen, wenn es erlaubt wird.

Das ist nur ein Beispiel mit stark stimulierender Reizwirkung. Im Kasten auf Seite 110 finden Sie eine Aufstellung haltungs- und bewegungsorientierter Ausdrucksverhaltensweisen (ohne Anspruch auf Vollständigkeit).

Haltungs- und bewegungsorientierte Ausdrucksverhaltensweisen

➤ Anschleichen (siehe »Paradeübung«, Seite 138ff.)

➤ Repertoiredetails aus »Anschleichen«, z. B. aus Distanz flach auf den Boden legen, fixieren und sprungbereit abwarten

➤ Spielüberfall (Anspringen mit geöffneten Vorderpfoten, oft mit anschließendem Niederdrücken mittels Zupacken im Nacken)

➤ plötzliches Vorstoßen (Spielangriff)

➤ plötzliches Weglaufen (Spielflucht und andere Laufspiele)

➤ Verfolgungslaufen

➤ Paarlaufen

➤ auf den Boden werfen (oft mit seitlichem Drehen im Vorderkörperbereich)

➤ Laufaufforderung (durch Sprung, Loslaufen, oft in Verbindung mit »eisbärartigem« Kopfschleudern)

➤ über den Rücken des anderen springen

➤ mit den Vorderpfoten auf den Boden klopfen

➤ mit den Vorderpfoten am Boden scharren;

➤ Sprünge: Prallsprung aus dem Stand, Drehsprung aus dem Stand, Spielaufforderungssprung (aus dem Sprung in Spielstellung)

➤ Spielstellung

➤ Vorderpfote heben (spielerische Vorsteherhaltung)

➤ Kopfheben

➤ Hochspringen

➤ Hinterteil zudrehen und zurücksehen

➤ Erstarren und Fixieren (in mehrfacher Bedeutung).

Haltung und Bewegung im Dienste sozialer Kommunikation. Die hier gezeigten Botschaften sind Teil eines Paarungsspiels (Quirrin und Akela): weit auseinandergeworfene Vorderpfoten, tiefe Haltung, Spielgesicht, nach hinten zeigende Ohren bei Akela; Sprungbereitschaft, ebenfalls mit geöffneten Vorderpfoten, tiefe Körperhaltung und Blickkontakt; schwingende Ruten in waagerechter Stellung bei beiden.

Stimulative Kommunikation

Als hervorragende Übung bietet sich in Kursen an, gemeinsam in der Gruppe zu beobachten, wie Hunde miteinander spielen, wobei der Kursleiter das Geschehen live kommentiert und in den anschließenden Video-Betrachtungen noch näher darauf eingeht. Dieser Programmpunkt vermittelt neben fundiertem Wissen auch die Einsicht, dass die Kommunikation mit dem Hund entscheidend von der Körpersprache des Teamführers abhängt, und zwar in zweifacher Hinsicht: Auf der einen Seite geht es um Kommunikation im Sinne von Verständigung, auf der anderen Seite kommt es auf die Fähigkeit an, Kommunikation stimulierend zu gestalten (*Stimulative Kommunikation*, E.L.). Im Verlaufe der TEAM-Balance-Ausbildung wird der Teamführer immer besser lernen, sich seinem Teampartner verständlich mitzuteilen und die Mitteilung selbst mehr oder weniger motivierend zu gestalten. Das lernt man Schritt für Schritt durch *Trockentraining nach Verhaltensvorbild* (E.L.).

Dies lässt sich auch so üben: In der Gruppe werden Paare gebildet, wobei einer den Teamführer, der andere den Teampartner spielt. Zuerst spielen alle Paare gleichzeitig ein und dieselbe Aufgabe. Der Trainer beobachtet das Geschehen und gibt dort und da Hilfestellungen. Dann präsentieren sich die Paare vor der Gruppe. Lob und kritische Bemerkungen runden das Gruppenspiel ab.

■ Nicht nur das Spielvermögen vieler Menschen ist verkümmert. Auch im Hinblick auf das Bewegungsrepertoire sind immer mehr Menschen degeneriert. Umso wichtiger ist es, sich vielfältige Bewegungsweisen wieder anzueignen. Die Teamführerin zeigt hier »tiefes Gehen«.

»Tiefes und hohes Gehen« sind Bewegungsformen mit hohem Ausdruckspotential. Bei Hunden ganz besonders – diese eignen wir uns im Trockentraining an.

Variante für Fortgeschrittene: Der »Hund« konfrontiert den Teamführer (vorher mit dem Teamführer vereinbart) mit problematischen Verhaltensweisen. Der Teamführer muss entsprechend reagieren. Wieder ein Spiel für die Gruppe: Welches Verhalten hat der »Hund« gezeigt? Zuerst die Signale beschreiben, dann interpretieren und schließlich die entsprechenden Maßnahmen erörtern und praktisch (trocken) ausprobieren und korrigieren.

Methodisch gesehen spricht einiges dafür, zuerst mit einer einfacheren Form des Trockentrainings zu beginnen. Da das *Bewegungsrepertoire* des Menschen für viele Probleme genug bedeutet, ist es von Vorteil, die caniden Verhaltensweisen zunächst außen vor zu lassen und sich auf die Bewegungen des Menschen zu beschränken. Derartiges Bewegungs-Trockentraining lockert den Körper und löst auch psychische Verspannungen. Es fördert Gruppeneffekte, macht geschmeidig und erweitert das Bewegungsrepertoire. Je größer dies ist, desto leichter fällt die *Nachahmung von Verhaltensvorbildern*. Im Kasten auf Seite 110 sehen Sie grundsätzliche Bewegungsweisen und -Formen (E.L.).

Bewegungstraining ist wichtig

Jede Kursstunde sollte Bewegungstraining beinhalten! Die hier aufgeführten Punkte lassen sich dann durch Kombination von zwei (und mehr!) Punkten erweitern. Hier ein Beispiel: Vollkreise mit engem Radius – schnell und tief.

➤ **Die Aufgabe lässt sich abwandeln:** Vollkreis mit engem Radius – langsam und tief.
➤ **Für Fortgeschrittene eine komplexere Aufgabe:** Vollkreis mit engem Radius – tief, langsam, dann accellerando und hoch, abschließend rallentando, dann Sprung zur Seite und Stopp.

Das letzte Beispiel lässt die unerschöpfliche Vielfalt von Bewegungsformen ahnen. Gleichzeitig wird aber auch klar, dass die Vergegenwärtigung der wichtigsten Punkte beim Erlernen und Ausbauen der eigenen Körpersprache äußerst hilfreich sein kann und dass man schrittweise vorgehen sollte.

Ob man sich dafür entscheidet, zuerst die Geh- und Laufweisen (und -formen) isoliert zu üben und zu verinnerlichen, oder ob man gleich von Anfang an auch die Integration von Arm-, Schulter-, Hand- und Kopfbewegungen einbezieht, hängt von zahlreichen Faktoren ab. Prinzipiell sind beide Ansätze möglich. Auch das Zusammenfügen von Isolations- und Kombinationsmethoden ist anzuraten.

Wer ganzheitlichen Vorgangsweisen den Vorzug gibt, kann entweder von Anfang an oder relativ bald damit beginnen, die Bewegungsaufgaben durch weitere Motivationsbereiche auszubauen – zum Beispiel durch Einbringen von Geräuschen und Lauten. Hier gilt es, die akustischen Signale dem Bewegungsausdruck adäquat anzupassen.

Hier ein Beispiel: Bewegungsaufforderung mit Kopfschwingen und Seitlichem Sprung in Verbindung mit auffordernden Geräuschen, Lauten oder Worten.

Bewegungsspiele mit dem Hund

Parallel zum Trockentrainingsaufbau oder auch entsprechend später kann man damit

Bewegung

Bewegungsweisen und -formen

✔ **Schrittweisen:** Gehen, Laufen, Springen (siehe auch Sprünge).

✔ **Schrittformen:** Hüpfen, Trippeln, Riesenschritte, Betonung (z. B. jedes zweiten Schritts etc.).

✔ **Gegensatzpaar:** tief (in der Hocke sich bewegend) – hoch (auf den Zehenspitzen gehend).

✔ Geradlinig, kurvig oder zickzack.

✔ **Abrupte Tempoänderungen:** von schnell nach langsam oder umgekehrt (mehr oder minder ausgeprägter Unterschied).

✔ **Fließende Tempoänderungen (Gegensatzpaar):** Beschleunigen – Langsamer-Werden (Accellerando – Rallentando).

✔ **Kurven und Kreise:** symmetrisch, asymmetrisch; enger, mittlerer und weiter Radius.

✔ **Sprünge (Gegensatzpaar):** hoch – weit; Drehsprünge (in der Luft in neue Richtung drehend); Niveau-Sprünge (von oben nach unten, von unten nach oben).

✔ **Anhalten:** natürliches Anhalten, abrupter Stopp, Stoppen mit anschließend neuer Haltungsweise.

beginnen, die ersten Bewegungsspiele mit dem Hund zu inszenieren. Auch hier beginnt man am besten mit einfachen Aufgaben. Beispielsweise: kurzes Einlaufen in das Vorführfeld. Es folgt ein Kreis in mittelgroßem Radius. Dann folgen ein Stopp, erneutes Anlaufen und Hinauslaufen aus dem Korridor. Das Ganze dauert keine 15 Sekunden. In der gesamten Zeit sollte sich der Hund durch nichts ablenken lassen. Und er sollte kein einziges Mal wegsehen. Innerhalb dieser TEAM-Balance-Übung ist es wichtig, dass man darauf hinarbeitet, mit der gewählten Stimulationsbetonung auszukommen. Immer wieder kann man beobachten, dass Teamführer, sobald der Hund in der Motivation abfällt, sich ablenken lässt oder andere Probleme zeigt, damit beginnen, in die Hände zu klatschen, Geräusche einzusetzen, den Hund beim Namen zu rufen oder psychischen Druck auszuüben. Das sollte man vermeiden! (Ausnahme: Bevor der Hund mehr und mehr abfällt, ist es durchaus im Sinne der TEAM-Balance, den Hund durch zusätzliche Stimulationen wieder an sich zu binden. Das sollte jedoch freundlich einladend geschehen!)

Haltung als Ausdruck innerer Gestimmtheit: Wir haben bis hierher überwiegend von »Bewegung« gesprochen, weil es die einfachste Art und Weise ist, einen Hund derart auf sich aufmerksam zu machen, dass er andere Ablenkungen ignoriert. Ebenso wichtig, ja ebenso ergiebig ist jedoch die »Haltung«. »Haltung ist gehaltene Bewegung«, sagen die Physiologen und sie haben recht. Auch Haltung ist Ausdruck innerer Gestimmtheit. Gerade beim Hund kann man sehr gut allein über den Ausdruck einer Haltung sehr viel erreichen. Sei es, dass man mittels eines Gesamtkörperausdruckes die eigene Autorität demonstrieren will (ähnlich wie Hunde untereinander: sich groß machen, Kopf erhaben tragen, entsprechender Blick etc.), freundlich zu einem Blickwechsel einladen, ein Rennspiel ankündigen oder sonst etwas signalisieren will.

Haltung und Bewegung bilden aus psychischer Sicht eine untrennbare Einheit und sind eher als unterschiedliche Ausprägungen ein- und desselben Vorganges zu verstehen. Haltung und Bewegung lassen sich sehr gut miteinander kombinieren oder im Wechsel einsetzen.

Problembewältigung

Bei Bewegungsspielen kommt es immer wieder vor, dass manche Hunde aus dem Ruder laufen. Sie springen unentwegt hoch, beißen in Kleider, Arme und Hände. Andere wieder bellen unaufhörlich.

Zum Bellen einige Worte: Für den Menschen kann dauerhaftes Bellen sehr lästig und unangenehm sein. Der Hund jedoch drückt auf diese Weise seine Stimmungslage aus. Manche Hunde neigen mehr, andere weniger dazu, Emotionen akustisch umzusetzen. In TEAM-Balance geht man davon aus, dass stärkeres Bellen so lange toleriert wird, so lange daraus keine sichtbare Reduktion in den Aktionen zu erkennen ist. Bringt der Hund jedoch sein überwiegendes Engagement mit Bellen zum Ausdruck anstatt zu laufen oder zu kontern, dann erfolgt Minderbewertung. Übertriebenes Bellen, wenn es schon jahrelang gefestigt ist, lässt sich nur sehr schwer abgewöhnen. Gut bewährt hat sich, dem Hund nicht nur das ›Ruhig‹ (bzw. ›Still‹), sondern auch ›Gib Laut‹ beizubringen. Der

1 Hier eine perfekte »Mitlaufaufforderung« der Teamführerin im Trockentraining:

2 Mit gleichzeitigem Arm- und Kopfschwingen geht die Teamführerin leicht in die Hocke.

3 Sie holt mit viel Schwung aus und macht einen großen Schritt zur Seite.

4 Indem sie ihre Beine relativ nah an den Körper zieht, verleiht sie der Aufforderung noch zusätzlichen Schwung.

Wechsel beider Hörzeichen wirkt sich positiv auf den Lernprozess aus. Beruhigen und Ablenken haben sich gut bewährt. Gewalt und Stress verschlimmern oft das Bellen.

Gegen Hochspringen und andere Unarten hilft die Spielgestaltung selbst und, sollte das nicht ausreichen, der *»Geistige Zügel«* in Verbindung mit einem strengen ›Nein!‹. Der Zügel darf jedoch keine Schwächen zeigen: Nicht mit der Hand nachgeben, wenn der Hund

1 »Mitlaufaufforderung«, verstärkt durch einen Sprung. Jedem Sprung geht ein Beugen der Knie voraus.

2 Der Sprung wird vom ganzen Körper mitvollzogen, buchstäblich von den Zehen bis in die Fingerspitzen.

3 Und beim Aufkommen gilt wieder: Den Sprung durch den Fuß und durch Beugen der Knie auffangen.

hochspringt oder in die Kleider beißt. Hier heißt es Courage und Entschiedenheit zeigen. Setzt sich der Hund über den »Geistigen Zügel« hinweg, so ist auch ein Klaps mit der flachen Zügel-Hand auf die Nase erlaubt oder der bereits erwähnte Schnauzengriff. Auf keinen Fall darf man Spielregelverletzungen durchgehen lassen oder halbherzig beantworten.

Bevor man etwas umsetzt, muss man es innerlich wollen, mit entsprechender Entschlusskraft. Einmal begonnene Aktionen gilt es konsequent durchzusetzen (siehe Leistungserwartungen in der TEAM-Note: *Entscheidungsqualität, Handlungskonsequenz und Korrekturgestaltung*).

Stimulationsbetonung Akustik

Die Lautäußerungen der Hunde sind im Vergleich zu vielen anderen Tierarten äußerst vielfältig und variabel. Allein schon der Tonumfang ist bemerkenswert. Versuchen Sie doch einmal, das tiefe Brummen oder die hohen Kopfstimmenlaute des eigenen Hundes nachzuahmen. Die meisten werden weder in der Tiefe noch in der Höhe mit ihrem Hund konkurrieren können. Man nimmt an, dass die akustische Bandbreite der Hunde auf die Domestikation zurückzuführen ist (Einsatzbereiche Jagd und Bewachung).

Entscheidend ist auch hier, dass man die Kommunikation nicht auf den akustischen Kanal reduziert, sondern im Sinne der *Bedeutungseinheit* in ihrem Kontext zu anderen Informationskanälen sieht. Die meisten Informationen bauen auf mehreren ineinander greifenden, sich ergänzenden Reizen auf. Schon Konrad Lorenz wies auf die *Beziehungsstrukturen von Einzelmerkmalen* hin. Neben Marx, Coppinger, E. Q. Price, F. Ohl, E. M. Meyer und anderen hat sich Frau Dr. Feddersen-Petersen sehr um die Erforschung der Vokalisation unter Haushunden verdient gemacht (u. a. »Ist Bellen für Haushunde kommunikativ?«, KTBL Schrift 376, Aktuelle Arbeiten zur artgemäßen Tierhaltung Darmstadt 1996). Dem engagierten Hundehalter ist zu raten, sich mit der Fachliteratur auseinander zu setzen. Dort ist beschrieben und in Entwicklungsethogrammen dargestellt, ab der wievielten Lebenswoche etwa das Quärren, Brummen, Mucken, Prusten, Schreien, Winseln, Heulen, Mau-Laute, infantiles Bellen, Wa-Laute, tonales und atonales Bellen,

Unter Hunden bieten Haltung und Bewegung die mit Abstand vielfältigsten Kommunikationssignale. Laufen an sich ist schon ein starker Motivator. Das gilt auch in der Mensch-Hund-Beziehung, vorausgesetzt, die kommunikativen und die stimulativ-kommunikativen Grundlagen wurden gelegt.

Akustische Möglichkeiten

Laute kann der Mensch mittels seiner Stimme hervorbringen, Geräusche erzeugt er mittels Finger und Hände (Schnipsen, Klatschen, Klopfen usw.) oder er bedient sich geräuscherzeugender Gegenstände (etwa eines Papiers, eines Stöckchens o.a.). Lässt man die Möglichkeiten an seinem »geistigen Ohr« anklingen, so liegt es nahe, das Repertoire an Geräuschen und Lauten zu erweitern und vermehrt in die Kommunikation und ins Spiel einzubringen. Hier eine grobe Übersicht, welche akustischen Möglichkeiten uns Menschen zur Verfügung stehen:

- ✔ Laute (u.a. Neugier weckend)

- ✔ Geräusche (u.a. Neugier weckend)

- ✔ Nachahmungslaute (nach dem Vorbild canider Lautäußerungen

- ✔ Nachahmung von Beutetierlauten oder Jagdgeräuschen (Fiepen, Miauen, raschelnde Blätter, knackender Ast, Auftreten u.a.)

- ✔ Worte und Laute, die der Hund verknüpfen gelernt hat

- ✔ Hörzeichen (konditionierte Verhaltensweisen, Hörzeichen dient als auslösender Reiz).

Aufforderungsbellen, Verbellen, Knurren, Knurrfauchen, Fiepen und Maunzen (rassespezifisch) auftreten, welche Lautformen überwiegend an einen Sozialpartner gerichtet sind und welche nicht.

Der Klang ist für Hunde entscheidend: Hunde sprechen sehr gut auf die von Menschen produzierte akustische Kommunikation an, gleichviel, ob es sich um Laute oder Worte handelt. Entscheidend ist bekanntlich der Klang. Der Wortinhalt hat nur dann eine Bedeutung, wenn der Hund bereits eine Verknüpfung hergestellt hat. Dies ist allerdings in weit größerem Umfang der Fall, als gemeinhin angenommen wird. Der Mensch geht gerne von sich aus und meint, der Hund verstünde nur das, was man ihm im Training gezielt beigebracht habe. In Wirklichkeit beobachtet uns der Hund jedoch auf allen Sinnesebenen ständig, und er lernt unaufhörlich hinzu, auch ohne unseren Beitrag und außerhalb unserer Absichten.

Akustische Möglichkeiten des Menschen: Bevor wir ans Üben gehen, sollten wir uns zuerst einmal die wichtigsten akustischen Möglichkeiten vergegenwärtigen. Allein schon die Unterscheidung von Laut und Geräusch ist aufschlussreich, die in nebenstehendem Kasten dargelegt ist.

Auch hier gehen wir, ähnlich wie bei der »Stimulationsbetonung Bewegung«, vom Aufbau und Vertiefen des Verständnisses aus. Es bieten sich an: Beobachtungsspiele in der Gruppe, bereichert durch Kommentare des Trainers; Ansehen und Anhören von Videos mit anschließender Gesprächsrunde sowie Trockentraining! Experimentieren! Hier ein Gruppenspiel: Man beginnt in einer Unterrichtseinheit mit einigen der oben aufgeführten Punkte, etwa Geräusche und Laute. In der nächsten Unterrichtseinheit werden diese Punkte wiederholt und neue kommen hinzu. Jeder der Kursteilnehmer gibt reihum ein Beispiel für eine Geräuscherzeugung. Was schon dran war, darf nicht wiederholt werden.

Ein eindrucksvolles Spiel ist das Variieren durch Betonung. Sprechen Sie einmal folgenden Satz mehrfach hintereinander, wobei Sie jedes Mal das fett gedruckte Wort hervorheben. Man wird feststellen, dass man jeweils einen völlig anderen Inhalt damit verknüpft und ganz andere, innere Bilder, Vorstellungen und Emotionen freigesetzt werden. Dieses Beispiel zeigt eindrucksvoll, welche Bedeutung der Klang für den Menschen beinhaltet.

__Durch__ diese hohle Gasse muss er kommen.
Durch __diese__ hohle Gasse muss er kommen.
Durch diese __hohle__ Gasse muss er kommen.
Durch diese hohle __Gasse__ muss er kommen.
Durch diese hohle Gasse __muss__ er kommen.
Durch diese hohle Gasse muss __er__ kommen.
Durch diese hohle Gasse muss er __kommen__.

Bedenken wir: Der Hund hört am Klang unserer Worte, ob wir ein ›Fußß!‹ erzwingen wollen oder ob wir es aus einer freundlichen, einladenden inneren Haltung heraus anbieten. Beim Wort »anbieten« mögen »altgediente« Hundeausbilder die Stirn runzeln: »Anbieten«! Geht das nicht zu weit? Nein und nochmals nein! Wir bauen auf »lustvolles Tun«! Etwas Besseres kann man nicht erreichen. Der gesamte sportliche Aufbau gehört daher der Motivation! Nur in seltenen Ausnahmefällen setzen wir Zwang ein! Auch auf klanglicher Ebene!

Lernen wir also, **den Klang im Umgang mit dem Hund gezielt** einzusetzen. Die Wirkung wird nicht ausbleiben. Entscheidend ist hierbei die eigene Stimmung und die innere Einstellung des Teamführers.

Das **Experimentieren mit Lauten und Geräuschen** macht Spaß und fördert das Spielrepertoire. Wer darüber hinaus gelernt hat, die Möglichkeiten und Varianten nach Punkteliste auf Seite 114 geistig zu ordnen, dem steht im praktischen Umgang ein breites Spektrum an methodischen Wegen und Detaillösungen zur Verfügung.

Es ist bezeichnend, dass wir für den visuellen

Wählt die Teamführerin in der Übung »Stimulationsbetonung« den Bereich Gestik, so will man sehen, dass sie diesen deutlich und betont einsetzt.

Bereich das Wort »Beobachten« kennen, für das ebenso wichtige »hörende Beobachten« jedoch kein Wort zur Verfügung haben. Das Hören hat offensichtlich für den Menschen längst nicht den Stellenwert, den es verdient. Joachim Ernst Behrend hat dies in seinem bemerkenswerten Buch (und in seiner gleichnamigen Rundfunkreportage) »nada prana – die Welt ist Klang« herausgearbeitet.

Mit dem Ausbau des eigenen akustischen Repertoires sensibilisieren wir auch das Hörvermögen. Es fällt dann in der Folge leichter, die Lautäußerungen der Hunde zu differenzieren und das eine oder andere nachzuahmen. Die Frage, wie weit man im Bestreben der Nachahmung gehen will, wird kontrovers diskutiert. Die einen sagen, man solle die Lautäußerungen des Hundes möglichst genau imitieren,

Foto 1 bis 4: Die mimische Kommunikation zwischen Teamführerin und Hund funktioniert hervorragend. Je nachdem, wie die einzelnen Bereiche und Organe des Gesichtes von der Teamführerin betont werden, reagiert der Hund anders.

andere meinen, eine grobe Nachahmnung würde genügen. Wieder andere raten, sich in der Kommunikation nur so weit wie erforderlich dem Hund anzupassen. Im Zuge der Anpassung würde der Hund ohnehin lernen, die Ausdrucksformen des Menschen zu interpretieren. Wie auch immer man sich diese Frage beantwortet, fest steht, es lohnt sich, die akustische Kommunikation zu fördern.

Und aus methodischer Sicht ist es durchaus legitim, akustische Übungen losgelöst vom Gesamtausdruck zu üben. Mit zunehmender Sicherheit muss dann allerdings wieder dem ganzheitlichen Ausdrucksform der Vorzug gegeben werden.

Stimulationsbereich Gestik

Auch bei der Gestik kommt es in TEAM-Balance darauf an, die Betonung möglichst deutlich zu zeigen. Wer Gestik als Stimulationsbetonung gewählt hat, muss zwar nicht wie versteinert an Ort und Stelle stehen, um ja nicht in Verdacht zu geraten, wegen einiger »Bewegungen« das Thema verfehlt zu haben. Aber falls er sich bewegt, so müssen die Bewegungen im Vergleich zur Gestik eine untergeordnete Rolle spielen. Man will ja das Hervorheben, das Betonen eines bestimmten Kommunikationsspektrums sehen.

Auch hier streben wir an, einerseits die menschlichen Möglichkeiten herauszuarbeiten, zu vergegenwärtigen und zu üben. Auf der anderen Seite lernen wir die caniden, gestischen Ausdrucksformen durch Beobachtung und Wissensaneignung besser kennen und darauf aufbauend nachzuahmen.

Es würde zu weit führen, die vielen Möglichkeiten, die sich dem Menschen durch Schulter-, Arm-, vor allem aber durch Hand- und Fingerbewegungen bieten, hier aufzuzählen. Strecken, Beugen, Drehen und Stoßen sowie Kombinationen daraus ergeben Hunderte, wenn nicht Tausende von Bewegungen.

Auch beim Hund lassen sich einige Ausdruckssignale beobachten, die sich gut zur Nachahmung und Kommunikation anbieten:

- ➤ Pfote heben und hoch halten
- ➤ Pfote heben und entgegenstrecken
- ➤ Pfote auflegen
- ➤ Stampfen
- ➤ Scharren
- ➤ Pfoten auseinander werfen (z.B. bei Spielstellung)
- ➤ Klammern mit einer oder mit beiden Vorderpfoten
- ➤ Weg-Stemmen (mit Vorder- oder/und Hinterpfoten).

Stimulationsbetonung Mimik

Mimik und Gestik spielen häufig ineinander und sind zudem noch in Verbindung mit Haltung und Bewegung und im Verbund mit Vokalisation zu beobachten. Trotzdem ist es in mancher Hinsicht von Vorteil, auch die Mimik vorübergehend zu isolieren oder im Sinne der TEAM-Balance-Aufgabe zu **betonen**.

Mimische Ausdrucksmomente kann der Mensch erzeugen, indem er Veränderungen

Die tiefe Körperhaltung der Teamführerin schafft gute Voraussetzungen für das »Auge in Auge«.

mit den Gesichtsorganen und -bereichen herbeiführt. Hierzu eignen sich besonders:

- ➤ Lippen (Ober- und/oder Unterlippe)
- ➤ Augen, Augenbrauen
- ➤ Backen
- ➤ Kinn
- ➤ Stirn
- ➤ Nasenansatz
- ➤ Unterkiefer.

Mimik lässt sich üben. Die Vorgangsweisen übernehmen wir aus dem bereits Gesagten, siehe oben. In der Gruppe bieten sich unter anderem Pantomime-Ratespiele an.

Die wichtigsten Ausdruckregionen des Hundes sind:

- ➤ Schnauzenstellung
- ➤ Mundwinkelform
- ➤ Lippenform
- ➤ Haut des Nasenrückens
- ➤ Augenformen und -brauen
- ➤ Ohrenstellung.

Man unterscheidet z.B. drei Mundwinkelformen: normale, entspannte sowie kurze, runde Mundwinkel und langer Lippenspalt (Dr. Dorit Feddersen-Petersen). Die Nasenhaut kann entspannt glatt oder mehr bzw. minder stark gekräuselt sein. Aus Platzmangel können wir hier nicht weiter auf die vielen unterschiedlichen mimischen Ausdrucksformen eingehen.

Viele Ausdrucksformen des Hundes kennen wir zwar, aber sie stehen uns, wenn es darauf ankommt, nicht als Kommunikationsform zur Verfügung. Die entsprechenden, zielführenden Nachahmungstechniken wurden nie geübt. Wir alle kennen beispielsweise das »Kopfschräg-Drehen« des Hundes bei verstärkter, verwunderter Aufmerksamkeit (dieser Mimikausdruck tritt mit fortschreitendem Alter des Hundes immer seltener auf). Wer von uns nutzt diese Botschaft im Umgang mit seinem Hund? Das ist nur ein Beispiel von vielen!

Stimulationsbetonung Geruch

Mit diversen, für den Hund interessanten Gerüchen auf sich aufmerksam zu machen, ist so alt wie die Mensch-Hund-Beziehung. Was allerdings heute noch zu wenig genutzt wird, ist, Verbindungen herzustellen zwischen olfaktorischen und anderen Motivationen. Mehr dazu in der nächsten Aufgabe (siehe S. 118 ff.). Da dem Futterspiel eine eigene Aufgabe gewidmet ist, kann man hier auf die Stimulationsbetonung auf geruchlicher Ebene verzichten.

8 15 Sek. Futter-Spiel

Kurzbeschreibung

Zeitrahmen bzw. Wiederholungen:
➤ Minimalzeit 15 Sekunden.
➤ In den Objektspielen 8 und 9 sind jeweils Phasen in mittlerem und hohem Motivationsniveau vorzuzeigen.

Ablauf: Der Ansager gibt das Vorführfeld durch Armheben frei für das erste der beiden folgenden Objekt-Spiele: das *Futter-Spiel*. Die Aufgabe besteht darin, das Futter-MO auf der Grundlage hundlicher Spiel-Verhaltensweisen verständlich und motivierend zu beleben *(Animation)*. Die Spielgestaltung darf durch Haltung und Bewegung, durch Akustik, Gestik, Mimik sowie durch Berührung bereichert werden. Das Futterspiel soll sich klar vom nachfolgenden Beute-Spiel unterscheiden. Phantasieloses Führen des Hundes mittels in der Faust gehaltenen Futters, ist nicht im Sinne der Aufgabe.

Um das Auf-den-Boden-Fallen der Futterstücke zu vermeiden, sollen Futterstücke benutzt werden, die man gut in der Hand halten kann. Das Anbeißen vor Ablauf der Minimalzeit ist möglichst zu vermeiden. Im Falle eines unbeabsichtigten Anbeißens ist dies durch ein schnelles ›Aus‹ zu beenden. Vorzeitiges Anbeißen ist mit einer entsprechenden Minderbewertung verbunden.

Um den **unterschiedlichen Rassen** gleichermaßen gerecht zu werden, gilt für die Bewertung: Motorische Aktivität des Hundes wird nicht höher eingeschätzt als geistige, emotionale Beteiligung (ablesbar am Ausdrucksverhalten).

Inhalte: Es ist anzustreben, dass sich der Teamführer von Anfang an mit in das Geschehen einbringt! Nicht das MO allein soll Interesse wecken! Im Idealfall bringt sich der Teamführer ins Spiel ein, was man daran erkennt, dass der Hund die Kommunikation mit dem Teamführer sucht.

Weitere Zusammenhänge und Inhalte siehe auch unter der nächsten Übung »Beute-Spiel« (Seite 120).

Hier die Stimulationskombination »Futter und Berührung«. Phasen ohne Blickkontakt stören hier nicht, da die Verbindung beider Partner auf der Taktilen Ebene aufrecht erhalten ist.

■ Auch Futter in der »Augen-MO-Linie« einzusetzen ist wichtig, damit der Hund lernt, in die Augen zu sehen.

Ansage

Ansage: »*Start*«. – »*noch 15 Sekunden*«. – »*noch 10*« – »*Achtung, noch 5*« – »*Ende*«. »*Bitte Juroreneintrag abwarten.*«

Ansage: *Es folgt Übung 9:* »*Beute-Spiel (Stimulationsbetonung Beute-MO). Minimalzeit 30 Sekunden*«.

Eventuell mit folgender Erläuterung:

»*Auch hier geht es unter anderem um Spielgestaltung, Handling, Animations-Phasen und die Unablenkbarkeit des Hundes*«.

Nach Abschluss des Juroreneintrags folgt Startfreigabe für Übung 9.

Kernziele (qualitative Ebene):

➤ **Kernziele Mensch:** I*magination,, Futter-Animation, Spieleinleitung, Spielreichtum, MO-Handling*.

➤ **Kernziele Hund:** *Empfänglichkeit, Unablenkbarkeit, Individuelle Entfaltung, Engagement, Spielregeltreue (frei von Unarten)*.

Übungsaufbau

Didaktik-Methodik: Zur *Animation* bieten sich an:

➤ *Imponieren* mit dem Futter-MO
➤ Davonlaufen
➤ Verstecken
➤ Hochwerfen und Wiederauffangen
➤ Hinlegen und Wegschnappen
➤ Geräusche einsetzen
➤ Stimme nutzen
➤ Der Geruch des Futters bietet auch zahlreiche Möglichkeiten der Animation (direkt und indirekt, indem man das eigene Wahrnehmen des Geruchs spielt).

Methodische Ansätze hierfür: *Imagination, Mimisch-gestische Kommunikation* sowie das Nutzen der »*Augen-MO-Linie*«.

Als besonders hohe Leistung wird in TEAM-Balance die Fähigkeit angesehen, das *Motivations-Niveau* zu variieren. Das fortgeschrittene Spiel soll Phasen mittleren und hohen *Motivations-Niveaus* aufweisen. Je weiter die Niveau-Amplituden (bei anhaltender Unablenkbarkeit), desto besser. Im Sinne unterschiedlicher Mot-Niveau-Gestaltung sollte der Teamführer in der Lage sein, Futter abwechselnd mehr oder minder belebt (animiert) einzusetzen. Das reine Vorenthalten des Futters in der geschlossenen Hand, ohne dass sich der Teamführer mit ins Spiel bringt, geht an der Aufgabe vorbei. »Füttern« ist daher – auch im Training – nur in Ausnahmefällen sinnvoll. Beispielsweise bei Übermotivation.

Problembewältigung

Bei Hunden, die auf Futtermotivation schlecht reagieren, empfiehlt sich unter anderem, Jagd-Elemente einzubringen. Hierfür sollten jedoch Futterstücke verwendet werden, die sich für das Beutestreiten ebenso wie für das anschließende ›Aus‹ eignen und nicht gleich verschluckt werden. Bei Jagdspielgestaltung sei auf die in Übung 9 (»Beute-Spiel«) aufgeführten »*Animations-Phasen*« des *interaktiven Beute-MO-Spiels* verwiesen.

Auf die Technik, »gegenindividuelle« Lerninhalte zu fördern, indem man dafür sorgt, dass vorher und nachher eine günstige emotionale Disposition geschaffen wurde, haben wir schon hingewiesen. Diese Technik lässt sich auch bei Hunden anwenden, die ausgesprochen schlecht mit Futter zu stimulieren sind. Man beginnt mit einem Spiel im favorisierten Motivationsbereich und bringt mitten im Geschehen kurz Futter ins Spiel (nur einige Sekunden lang!). Anschließend wird sofort wieder auf das Lieblingsspiel zurückgegriffen. In vielen Fällen wurde mit Hilfe des »emotionalen Trägheitsmoments« (E.L.), welches hier zum Tragen kommt, über kurz oder lang die Akzeptanz des vorher verschmähten Futters erreicht. Dasselbe gilt auch für Hunde, welche Futter bevorzugen und Beute-Objekte ablehnen. Allerdings stößt man in der Konstellation der Beuteprobleme immer wieder auf andere Ursachen, welche auf schlechte Erfahrungen des Hundes zurückgehen und oft tief verankert sind. Eine weitere Problemlösung bei Untermotivation bietet die bereits vorgestellte Distanzvergrößerung mithilfe einer »Angel«, siehe Seite 61.

Zuneigungs-Spielformen: Bei Hunden mit Sozialisationsproblemen bieten sich neben den obligatorischen Desensibilisierungsprogrammen auch Zuneigungs-Spielformen an, wobei in vielen Fällen mit Berührung und (oder) Einsatz der Stimme gute Erfolge erzielt wurden. Auch hier ist die sitzende Position (siehe »Basis-Spiel«, Seite 56) von Vorteil. Man vermeide hektische, ruckartige Bewegungen ebenso wie voreiliges Überschreiten der kritischen Distanz oder artwidrige Handannäherung.

9 30 Sek. Beute-Spiel

Kurzbeschreibung

Zeitrahmen bzw. Wiederholungen: Minimalzeit 30 Sekunden, Maximalzeit 40 Sekunden.

Ablauf: Nach gegebener Startfreigabe beginnt der Teamführer ein *Freies Spiel* mit Hilfe eines selbstgewählten Beute-MOs.
Hunde, die sich nicht oder nur mangelhaft für Beute-Spiele eignen, dürfen mit Hilfe von Futterstücken stimuliert werden. Die Futterstücke müssen sich in Größe, Konsistenz und Form für den Spielablauf eignen (beispielsweise große, feste Trockenstücke, welche auch das Beutestreiten zulassen). Die Aufgabe endet nach Ablauf der Zeit mit dem Loslassen. Das unumgängliche nachfolgende Zurückbringen und Abgeben der Beute steht außerhalb der Bewertung, denn dieser Aufgabe sind die beiden nachfolgenden Punkte gewidmet (Punkt 10 »Zurückbringen und Beutetausch«, siehe Seite 134 und Punkt 11 »3x ›Aus‹«, siehe Seite 136).

Inhalte: Bei diesem Objektspiel geht es, ähnlich wie beim Futterspiel, darum, die caniden Spielweisen artgerecht nachzuahmen, wobei der Teamführer teils die Rolle eines hundlichen Mitspielers einnimmt, gleichzeitig jedoch seiner Rolle als Teamchef und Spielführer gerecht wird (Aspekte der Stim-Aut-Balance). Im Hinblick auf eine *artgerechte Spielgestaltung* ist zu berücksichtigen, dass das Spiel aus der Spieljagd (welche ihrerseits zum Großteil auf den »Ernstfall« bezogen ist) und gleichzeitig Teile aus Sozialspielen beinhalten. Damit ist ein riesiger Bereich an unterschiedlichen Möglichkeiten geöffnet.

Spielkonstellationen: Spielteile unterschiedlicher Funktionszugehörigkeit treten im Spiel bemerkenswerterweise jedoch oft nicht logisch getrennt auf, und Spielteile aus ein und demselben Funktionskreis müssen nicht in chrono-

Wegdrängen und Griffverbesserung (oben): Im Beute-Spiel setzen Welpen alles ein, was Vorteile bringt. Engagement, Beharrlichkeit, Schnelligkeit, vor allem aber kreative Einfälle werden belohnt. Das Prinzip des lohnenden Einsatzes nachspielen zu lernen, ist ein zentrales Anliegen in der TEAM-Balance. Griffverbesserung und Pfoteneinsatz (links): Schnelles Nachfassen, mehrmals hintereinander, und dem Konkurrenten bleibt buchstäblich nichts mehr übrig.

logischer Folge ablaufen. Teile aus dem Jagdverhalten beispielsweise folgen häufig ganz und gar chronologiewidrig aufeinander. Ein Spiel beginnt etwa mit dem Biss in den Nacken und endet mit einer wilden Verfolgungsjagd. Damit nicht genug. Mitten in der Verfolgung übernimmt der Jäger auf einmal die Rolle des Gejagten (oder umgekehrt). Und genauso gut kann es vorkommen, dass sich zwei Hunde, die sich am Boden im Beißspiel balgen, von einem Augenblick zum anderen abzulecken beginnen, wobei sie sich einem innigen Fellpflegeverhalten hingeben. Die Offenheit von Spielkonstellationen ist ein wesentlicher Bestandteil des Spiels höher entwickelter Tiere. Offenheit im Sinne unterschiedlicher Reihungs- und Kombinationsangebote bieten ein Höchstmaß an Experimentiermöglichkeiten. Dadurch wird die Kreativität geschult, was letztlich der Anpassungseinübung zugute kommt. Je besser die Anpassung, desto höher die Überlebenschancen.

Dem Teamführer kommt die nicht immer leichte Verantwortung zu, sehr unterschiedliche Aufgaben zu erfüllen. Er sollte in einer Person Folgendes – im wahrsten Sinne des Wortes – »verkörpern«:

➤ Spiel-Partner Hund (Ersatz eines hundlichen Mitspielers)
➤ Spiel-Partner Mensch
➤ Teamführer (u.a. Verantwortung für das Einhalten der Spielregeln und die Akzeptanz des Hundes der Autorität des Teamführers gegenüber)
➤ Animation des Objekts im Sinne einer Spiel-Beute
➤ Spielgestaltung im Sinne eines rivalisierenden hundlichen Spielpartners.

Imagination und Handling

Es reicht nicht, sich als Teamführer darauf zu beschränken, das MO (Motivationsobjekt) möglichst »naturgetreu als eine Art Ersatzbeute« zu handeln. Der Teamführer muss sich stets vor Augen halten, dass der Hund das Geschehen weder selektiert noch sondiert. Er erlebt es als Ganzes, was besagt, dass dem Auftreten des Teamführers eine ebenso wichtige Bedeutung zukommt wie der bewegten und belebten Spielbeute. Das heißt aber, der Teamführer muss lernen, neben der Beuteanimation und dem entsprechenden Handling auch sich selbst als Teil der Beute zu verstehen, ein andermal aber tritt er losgelöst von der Beute auf, als Sozialpartner, indem er etwa mit seinem Hund (spielerisch) um die Beute, die in der Mitte ist und an welcher beide kräftig ziehen, streitet. In dieser Situation tritt die Animation der Beute fast gänzlich in den Hintergrund. Die Bedeutung der belebten Beute wich dem Sozialereignis: »Wer ist der Stärkere von Beiden?« (psychisch und physisch). Beobachtet man beutestreitende Hunde, so kann man an zahlreichen Ausdrucksdetails ablesen, dass es oft gar nicht mehr um die Beute selbst geht. Häufig wird die gesamte Aufmerksamkeit, das gesamte Engagement von sozialen Motivationen genährt.

Das »Beutestreiten« wurde zum »sozialen Tauziehen«. Und wenn im nächsten Augenblick ein Verfolgungsspiel eingeleitet wird,

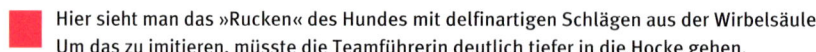

Hier sieht man das »Rucken« des Hundes mit delfinartigen Schlägen aus der Wirbelsäule. Um das zu imitieren, müsste die Teamführerin deutlich tiefer in die Hocke gehen.

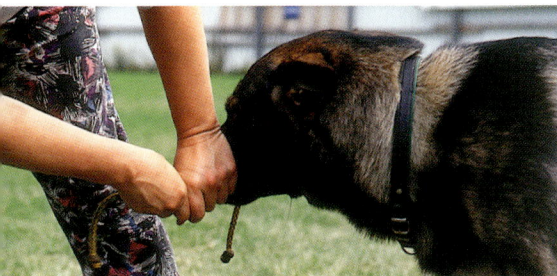

Die Teamführerin verbessert den Griff nach dem hundlichem Vorbild (siehe Seite 121).

kann es sein, dass die Beute am Boden liegt und überhaupt keine Bedeutung mehr spielt. Genauso aber kann es sein, dass die Beute das Statussymbol für Überlegenheit darstellt; dass der in diesem Augenblick und in dieser Situation sozial Höhergestellte mit allerlei Verhaltensweisen des Imponierens seine Position zum Ausdruck bringt, indem er

➤ tänzelt, in betont aufrechter, hoher Haltung (Kopf und Rute werden hoch getragen)
➤ davonläuft oder den anderen umkreist
➤ das MO immer wieder fallen lässt und auffängt
➤ sich auf den Boden wirft
➤ eine Pfote auf das MO fallen lässt und zu nagen beginnt.

Das lässige, »coole« Gehabe darf nicht darüber hinwegtäuschen, dass der schwächere Spielpartner während der ganzen Zeit nie aus den Augen gelassen wird.

Vor dem Hintergrund der hier beschriebenen Zusammenhänge wird deutlich, dass ein fundiertes Beute-Spiel einiges abverlangt und richtig eingeübt werden muss. In TEAM-Balance wird daher großer Wert auf die entsprechend variable Spielgestaltung gelegt. Das heißt, die Vorführungen von Beute-Spielen sollten komplex aufgebaut sein.

Die Vorführung soll folgende Phasen erkennen lassen:
➤ 1. Spieleinleitung und Animation
➤ 2. Freies Spiel
➤ 3. Eingehen auf Spielinitiativen des Hundes
➤ 4. Anbeißen
➤ 5. Beutestreiten
➤ 6. Loslassen

Ansage

Ansage: »Start« – »noch 30 Sekunden« – »noch 20« – »noch 10« – »Achtung, noch 5!« – »Ende«.
»Bitte Juroreneintrag abwarten.«
Ansage: »Es folgt Übung 10: Zurückbringen und Beutetausch.«
Nach Abschluss des Juroreneintrags folgt Startfreigabe für Übung 10.

Kernziele (qualitative Ebene):

➤ **Kernziele Mensch:** *Imagination, Beute-Animation, Spielgestaltung (Spieleinleitung und Spielreichtum), Engagement, MO-Handling.*
➤ **Kernziele Hund:** *Empfänglichkeit, Unablenkbarkeit, Individuelle Entfaltung, Engagement, Spielregeltreue (frei von Unarten).*

Übungsaufbau

Inhalte: Über Animation und Spieleinleitung wurde weiter oben schon berichtet. Hier einige typische Phasen des Beute-Spiels. Es finden sich zahlreiche Elemente aus Jagdabläufen wieder. Diese Repertoire-Aufstellung kann gleichzeitig als Modell dafür dienen, welche Aufgaben der Teamführer im Rahmen der Beute-Belebung zu erfüllen hat (Animations-Phasen).

Beutestreiten

Bewertungskriterien

✔ Repertoire – Reichtum

✔ Handling

✔ Eingehen auf Spielinitiativen des Hundes

✔ Stim-Aut-Balance

Beutestreiten-Repertoire

✔ Ziehen

✔ Rucken

✔ Nachfassen

✔ »Tot«-Schütteln

✔ Peitschenschlag*

✔ Positionsveränderung (»Rund-umlaufen«)

✔ Fixieren

✔ Abwarten (entspannt oder ge-spannt)

✔ Ausfallaktionen

✔ Spielknurren (Vorsicht vor Abglei-ten aus dem »entspannten Feld«)

✔ Lefzen hochziehen bzw. kräuseln (Vorsicht vor Abgleiten aus dem »Entspannten Feld«)

* Unter **»Peitschenschlag«** verstehen wir das peitschenschlagähnliche Kopfschleu-dern des Hundes.

Repertoire: Spiel-Beute

➤ Spiel-Beute verrät sich (MO-Präsentieren)

➤ Spiel-Beute flieht oder/und versteckt sich (Formen des Vorenthaltens)

➤ Formen des Fluchtverhaltens (Sprünge, Zick-Zack-Laufen, Stopps und Richtungs-wechsel, Täuschungsmanöver u.a.)

➤ Spiel-Beute zeigt Schwäche (langsamer, unaufmerksam u.a.) Für den Teamführer bedeutet dieser Augenblick: Anbissmög-lichkeit gestalten!

➤ Beute wehrt sich (Teile aus Beutestreiten).

➤ Beute stellt sich tot (Entspannen beim Beutestreiten)

➤ Beute ist unterlegen (Loslassen = Team-führer zeigt sich im richtigen Augenblick unterlegen und gibt das MO frei).

Beutestreiten: Wir erinnern uns, dass beim Beutestreiten oft interaktive Momente in der Vordergrund treten, d.h. hier gewinnt der Teamführer in seiner Funktion als »Sozialer Konkurrent« an Bedeutung. (Gleichzeitig tritt das MO oft in den Hintergrund.) Im neben-stehenden Kasten sehen Sie die Bewertungs-kriterien für das Beutestreiten.

Zu den beiden letzten Punkten »Spielknurren« und »Lefzen hochziehen bzw. kräuseln« ist an-zumerken: Knurren und Lefzen kräuseln kön-nen im Rahmen des »Entspannten Feldes« spielerischen Ausdruck beinhalten. Sie können aber auch den Übergang zu ernsthaftem Be-sitzanspruch einleiten und damit den Wechsel zur ernsthaften Auseinandersetzung ankündi-gen. Hunde verhalten sich in dieser oft nicht leicht einzuschätzenden Situation sehr unter-schiedlich. Bei manchen ist lautstarkes Knur-ren in Verbindung mit allerlei rasanten moto-rischen Aktivitäten immer noch Spiel. Bei anderen ist schon beim ersten Knurrer bereits mit tätlicher Auseinandersetzung zu rechnen. In jedem Falle gilt es, das Abgleiten aus dem *Entspannten Feld* zu vermeiden bzw. aufzufan-gen oder, falls beides nicht mehr möglich ist, das Spiel in geeigneter Form abzubrechen.

Methodik: Ein in jeder Hinsicht fundiertes Beute-Spiel zu gestalten, ist wesentlich schwieriger, als gemeinhin angenommen wird. Vor allem dann, wenn man im Sinne der TEAM-Balance den Anspruch stellt, als Teamführer stets im Mittelpunkt des Geschehens zu stehen.

Wenn wir uns die im Kasten auf Seite 124 aufgeführten Punkte der *Bewertungskriterien* und des *Beutestreiten-Repertoires* ansehen, so ist der methodische Weg eigentlich schon vorgezeichnet: Auch hier kommt es darauf an, die caniden Verhaltensweisen zu kennen (vor allem aus dem Funktionskreis der Jagdspiele), diese entsprechend zu übertragen und sich kommunikativ zu eigen zu machen. Gleichzeitig aber gilt es, die Balance zwischen Stimulation und Autorität im Spiel nicht zu verlieren. Nach wie vor gilt: Der Hund muss die Spielregeln einhalten (Spielregeltreue). Trotz erwünschtem Engagement darf er jedoch weder in die Hand noch in Kleider beißen. Und auch Hochspringen ist verpönt. Im reifen »Freien Spiel« können sich beide Teampartner ausleben und bewähren, ohne dass das Spiel oder einer der beiden Partner darunter leidet. Aber weil die Kultivierung des gemeinsamen Spiels nicht als reife Frucht vom Himmel fällt, führt kein Weg am stufenweisen Aufbau vorbei.

Hat der Teamführer bis hierher die vorangegangenen Aufgaben gewissenhaft erfüllt, so dürften im »Freien Spiel« keine nennenswerten Probleme auftreten. Trotzdem ist es – wie immer – von Vorteil, einige Bereiche der Übung herauszugreifen und erst einmal ohne Hund zu üben. Das Repertoire eines typischen Beute-Spiels weitgehend auswendig zu wissen, stellt für sich gesehen schon eine Leistung dar, die sich sehen lassen kann. Sehen wir uns daher die im Kasten auf Seite 124 aufgeführten Repertoire-Punkte an.

Die Spielbeute verrät sich. Das kann auf unterschiedlichste Art geschehen: Akustisch; etwa durch das Rascheln im Gebüsch, durch das Knacken eines Ästchens, durch Kommunikationslaute usw. Optisch; durch Präsentieren der eigenen Silhouette bzw. durch Bewegung. Oder olfaktorisch, wenn der Wind dem Jäger den Körpergeruch der Beute entgegenträgt.

»Tot«-Schütteln beim Beutestreiten: Die Teamführerin gewinnt hier in ihrer Funktion als »Soziale Konkurrentin« an Bedeutung.

Es sind vor allem die akustischen und optischen Reize, die sich zur Nachahmung eignen. Mit ein wenig Phantasie lassen sich tolle Spielkombinationen zusammenstellen. Auf Kursen ist immer wieder beeindruckend, wie sich die Umfrage nach Spieldetails innerhalb kurzer Zeit zu einem stattlichen Repertoireangebot mausert, von dem jeder Einzelne profitiert. Derartige Umfragen sollten noch vor dem Trockentraining stattfinden. Ob der Trainer das entsprechende Hintergrundwissen während oder nach dem Trockentraining einfügt, ist zweitrangig. Wichtig ist, dass zuerst einmal der geistige Horizont entsprechend erweitert wird. Hat man sich die einzelnen Phasen und Varianten des Jagdverhaltens vergegenwärtigt, so ist meistens auch gleichzeitig die Motivation geboren, die Vorstellung nun auch in die Tat umzusetzen, und sei es vorerst nur mal »ohne Hund«.

Im **Trockentraining** können wiederum die vielen Vorteile in der Gruppe genutzt werden, indem man an den positiven und negativen Beispielen lernt und dabei sehr schnell Fortschritte macht.

Allein die eingangs erwähnte Aufgabenstellung »Beute verrät sich« legt zahlreiche Spielideen in der Gruppe nahe:
➤ ohne MO
➤ alle gemeinsam mit ein und demselben MO

➤ alle gemeinsam, aber jeder mit seinem Lieblings-MO
➤ jeder einzeln mit seinem Lieblings-MO.
Die Zusehenden würdigen in Statements das, was gut angekommen ist, und sie kritisieren auch, was ihnen fragwürdig oder unbrauchbar vorkam. Im nächsten Schritt tauschen wir die MOs reihum aus. Beispielsweise so: Jeder nimmt das MO seines rechts stehenden Nachbarn. Dann grenzen wir die Aufgabe ein: Einmal nur auf akustischer, dann auf optischer Ebene, anschließend gemischt. Dann skizziert der Trainer eine bestimmte Umgebung, worauf die Gruppe einmal aus der Sicht der Beute, dann aus der Sicht des Jägers den zu erwartenden Ablauf des sich Verratens und Aufspürens herausarbeiten soll.

Trockentraining mit Beute-MOs. Man darf nicht vergessen, dass der Hund, wenn er ins Spiel kommt, unsere ganze Aufmerksamkeit in Anspruch nimmt. Man hat dann einfach keinen freien Gedanken mehr zur Überprüfung der eigenen Motorik oder des Repertoirereichtums. Je besser die Motorik automatisiert ist, desto sicherer und effektiver wird man agieren können. Es empfiehlt sich daher sehr, das gesamte MO-Handling im Trockentraining zu erlernen und zu festigen (siehe hierzu auch das Video »Richtig Spielen mit Hunden«, Literaturverzeichnis Seite 155). Hier eine kurze Zusammenstellung von Trockenübungen.

MO-Handling (Phase Animation im Freien Spiel)

➤ **1. Vergegenwärtigung:** *Spüren an Stelle von Hinsehen!* Spüren des MOs: Augen schließen. MO umgreifen und dabei Gewicht, Form, Temperatur, Feuchtegehalt und Oberflächenbeschaffenheit feststellen. Außer der Farbe lässt sich alles durch Spüren herausfinden! Daraus lernen wir: Wir müssen das MO während des Handlings nicht mit den

Teamführer und Teampartner zeigen Freies Spiel in der Animationsphase.

Augen mitverfolgen. Die Augen heften wir an den Hund! Wir werden lernen, das MO zu führen, ohne hinzusehen.

➤ **2. *Abgeben:*** MO von der einen Hand in die andere Hand geben. (mit geschlossenen Augen).

➤ **3. *Kreisen und Abgeben in Hüfthöhe:*** MO um den Körper führen (Hüfthöhe),

1	Trockentraining Beutestreiten: Die Teamführer haben gelernt, tief zu spielen.
2	Kreative Einfälle sind die Würze des Spiels.
3	Nicht immer gilt »wer wagt, gewinnt«. Aber der Gewinn im Spiel liegt mehr in der Lust am Spiel als im Sieg.

einmal von links nach rechts hinter dem Rücken und wieder vor; dann umgekehrt.

➤ **4. *Um die Knie (oder Waden) kreisen:*** MO um die Waden kreisen (Abgeben). Dabei leicht die Knie beugen.

➤ **5. *Werfen und Fangen:*** MO hochwerfen und mit derselben (bzw. mit der anderen) Hand wieder auffangen.

➤ **6. *Werfen und Danebengreifen:*** MO hochwerfen und beim Fangen absichtlich daneben greifen. Dem herunterfallenden MO nachjagen, auch wenn man sieht, dass der Hund schneller ist und die eigene Anstrengung ohne Aussicht auf Erfolg einzuschätzen ist!

➤ **7. *Am Boden wegziehen:*** Fliehende Beute.

➤ **8. *Zick-Zack-Bewegungen*** am Boden.

➤ **9. *Hüpf-Bewegungen*** am Boden.

➤ **10. *Verstecken am Körper:*** hinter dem Rücken, unter der Achsel, hinter dem Kopf, hinter der Wade, unter dem Schuh, unter der Jacke, in der Tasche usw.

➤ **11. Beschleunigen**

➤ **12. Verlangsamen**

➤ 13. Kreisbewegungen

➤ 14. **Positionsveränderungen während des MO-Spiels. Der Teamführer bewegt sich im Spiel in eine andere Richtung.**

➤ 15. **Reizsummation mittels Bewegung und Akustik**

Zu MO-Handling und Körperbewegungen (Phase Beutestreiten im Freien Spiel) lesen Sie den Kasten »Beutestreiten« auf Seite 124.

Freies Spiel, Anbeißen, Beutestreiten und Loslassen

Die drei Phasen haben eines gemeinsam: Es kommt darauf an, dass der Teamführer im richtigen Augenblick die Aktion des Hundes zulässt bzw. anbietet. Der richtige Augenblick ist immer dann gegeben, wenn sich der Hund besonders tüchtig oder einfallsreich zeigt. So wie in der Natur, wo ebenfalls Einsatz, Phantasie und alle anderen Kriterien der Lebenstüchtigkeit belohnt werden, so gestalten auch wir unser Spiel mit dem Hund.

Freies Spiel und Anbeißen: Wir neigen alle dazu, das Spiel zu sehr vom Kopf her zu steuern. Damit nehmen wir dem Spiel aus der Sicht des Hundes die Würze. Das Spiel wird kopflastig, langweilig und nicht selten sogar frustrierend, und damit zu einem kontraproduktiven Unterfangen. Wie kann das geschehen, fragt man sich? Man bemüht sich doch, man schleudert das MO hin und her, veranlasst den Hund zu attraktiven Sprüngen. Wo soll da die Frustration liegen? Nun, die Zeitlupenaufnahmen von annähernd hundert aufgenommenen Spielstunden diverser Seminare an verschiedenen Orten, mit zahlreichen Rassen und unterschiedlichen Teamführern haben ein erschreckendes Bild gezeigt. 90 Prozent der Beute-Fluchtimitationen wurden naturwidrig dargestellt. Zu Beginn der Aktion wurde das MO zwar richtig gehandelt, nämlich schnell vom Hund weg. Dies veranlasste immerhin über 75 Prozent der Hunde, der Beute engagiert nachzujagen. Die anschließende Fluchtgestaltung jedoch zeigte dann einen gravieren-

den Fehler, dem die Mehrheit der Teamführer erlagen. In dem Augenblick, wo die Teamführer sahen, dass sich der Hund einsetzt, um der Beute habhaft zu werden, rissen sie die Beute so schnell und so weit sie nur konnten vom Hund weg. In den Zeitlupenaufnahmen ist deutlich zu sehen, wie hierbei die Beute trotz größter Anstrengung des Hundes immer weiter vom Fang entfernt wird. Klar, die Folge ist, dass der Hund lernt: »Je mehr ich mich bemühe, desto mehr reduziert sich meine Jagdchance.« In der Folge wird er langsamer, Sprünge und phantasievolle Aktionen kommen immer seltener vor.

Hier zeigen die Teamführer in der Gruppe das Trockentraining: um die Beute spielen.

Frustrations-Erfahrung. Viele Hunde bilden auf der Basis der beschriebenen Frustrations-Erfahrung eine neue Technik: Sie laufen der Beute überhaupt nicht mehr nach. Sie bleiben stehen, warten ab und greifen erst zu, wenn sie das MO zweifelsfrei zum Anbiss angeboten bekommen. Mit dem ursprünglichen Spiel hat das nicht mehr viel zu tun. Denselben Vorgang finden wir beim Kontern (Beutestreiten) wieder (siehe Seite 133).

Mit Sprüngen sollte man, je nach Rasse und individueller Belastbarkeit, vorsichtig umgehen! Hochsprünge belasten die Hüftgelenke sehr und können zu ernsthaften Schäden führen!

Fotos 1 bis 4: Hier ein einfallsreiches Beute-Spiel. Man sieht, die Teamführerin braucht keine Angst um ihre Hand zu haben. Der längliche Long-Mot® (Entwicklung E. L.) bietet ausreichend Beißfläche für den Hund und damit Schutz für den Teamführer.

Was ist zu tun gegen ungewollte Frustrationsmechanismen? Die Antwort liegt eigentlich auf der Hand, wenn man das Spiel einmal aus der Sicht des Hundes sieht und entsprechend ausrichtet. Auf den Punkt gebracht heißt das: (Fast) Immer dann, wenn sich der Hund bemüht, muss sich das für ihn zumindest lohnen: Er muss der Beute näher kommen! *Der Fang-MO-Abstand* (E.L.) muss sich in der Aktion verkleinern, nicht vergrößern! Es geht also um *»Fangnahe MO-Führung«* (E.L.) und die *»motivationsfördernde (Fang-MO-) Distanzgestaltung* (E.L.).

Zur Umsetzung dieser Ziele muss der Teamführer über seinen psychischen Schatten springen, denn er geht innerlich davon aus, dass er die Beute verkörpert. Aus dieser Position will er natürlich, dass der Hund die Beute nicht gleich bekommt. Soweit so gut. Das Problem liegt jedoch im Detail, und zwar in der Vergrößerung des Fang-MO-Abstandes! Wenn der Hund der Beute engagiert nachjagt, dann darf sich der Abstand nur zeitweise vergrößern.

Der Teamführer müsste sich daher zwei Dinge vornehmen:

➤ 1. *»Fangnahe MO-Führung«* in nahezu allen Fluchtimitationen

➤ 2. *»Motivationsfördernde Abstandsgestaltung«.* Bei Angriffen (Hund springt oder versucht mit dem Fang zu fassen) muss sich die Jagdchance vergrößern. Die Distanz zwischen Fang und MO muss sich in dieser Situation (in der Mehrzahl der Aktionen) verringern. (Dies gilt vor allem für den Aufbau. In späteren Ausbildungsphasen kommt den Ausnahmen immer mehr Bedeutung zu.)

Es liegt auf der Hand, dass die Vorhersehbarkeit des Spiels unter diesen beiden Prämissen abnimmt. Aber das ist kein Nachteil! Im Gegenteil: Um das, was das Spiel dadurch unvorhersehbarer wird, gewinnt es auf der anderen Seite durch die Zunahme an Naturnähe. Es

Beutestreiten, wie es sein sollte: engagiert, mit Blickkontakt und tief gespielt.

zeigt weit mehr Überraschungen. Es wird interessanter und stimulierender. Der Effekt liegt auf der Hand. Verkleinert sich bei Verfolgungs- und Angriffs-Aktionen der Fang-MO-Abstand, dann lernt der Hund:

➤ *Einsatz*
➤ *Phantasie*
➤ *Schnelligkeit*
➤ *Krafteinsatz*
➤ *Wagnis*
➤ *List*

bringen mir die Beute näher!

Die Folge wird sein, dass der Hund erfolgreiche Aktionen verstärkt und vermehrt einsetzt, was mit einer Generalisierung des Engagements einhergeht. Der Hund wird auch nach Tausenden von Spielstunden und in fortgeschrittenem Alter immer noch engagiert der Beute nachjagen, wenn er erfahren hat, dass sich sein Einsatz lohnt.

Im Zusammenhang des (Fang-MO) *Abstand-Phänomens* war noch folgende Beobachtung interessant: Durch die Zeitlupenspielanalysen sensibilisiert, habe ich Hunde, die auf Seminaren eindeutig die oben beschriebenen *Spielfrustrationsmerkmale* zeigten (u.a. reduziertes

Nachjagen oder gar Stehenbleiben), aus dem Spiel abgerufen und sie gleich anschließend mit Hunden spielen lassen. Siehe da, die meisten dieser Hunde waren nicht mehr wieder zu erkennen. Mit dem neuen Spielpartner zeigten sie genau das, was man vorher im Spiel mit Herrchen oder Frauchen vermisst hatte:

➤ Engagement
➤ Schnelligkeit
➤ Phantasie
➤ Krafteinsatz
➤ Wagnis und List.

Bei einsichtigen und begabten Teamführern, welche wir sogleich einer Intensivkorrektur unterzogen hatten (Trockentraining in »Fangnaher MO-Führung« und »motivationsfördernde Abstandsgestaltung«) zeigten sich deren Hunde im anschließenden Spiel wie umgewandelt.

Die Auswertung der Zeitlupenanalysen brachten neben wertvollen Ansätzen zur Spielführung noch eine weitere Perspektive. Dass sich das MO auf die Spielgestaltung auswirkt, war uns bekannt. Aber dass die beiden entscheidenden Kriterien der »Fangnahen MO-Führung« und der »motivierenden Abstandsgestaltung« mit vielen, üblicherweise benutzten MOs nicht oder nur sehr unzulänglich einzulösen sind, das war neu. Ich entwickelte den »Long-MOT®«.

Dieses MO gestattet ein extrem fangnahes Spiel, ohne die Hand zu gefährden und verhindert auf Grund der Wellenform gleichzeitig das Abgleiten und Entlangrutschen der Hundezähne. Und es gestattet ebenso, »MO-Fluchten« so zu gestalten, dass sich dabei der Abstand des MOs zum Fang verringert. Ideal ist übrigens der Wechsel von geschleuderten MOs (z.B. Fun-MOT®) und Long-MOT®, wobei viel für eine (durchschnittliche!) Verteilung von 70:30 zu Gunsten des Long-MOT® spricht (siehe Bezugsquellen, Seite 155).

Im Freien Spiel mit Beute-MO ist wichtig:

➤ Im Freien Spiel werden keine Unterordnungs-Aufgaben gefordert!

➤ Tief spielen! (Haltung: Beine gegrätscht, Knie gebeugt, so dass die Hände auf Augenhöhe des Hundes kommen.)

➤ Reizsummation! (Haltung und Bewegung, Geräusche und Stimme miteinbauen.)

➤ Abwechslungsreich spielen!

➤ Motivationsniveau variieren!

➤ Tüchtigkeit belohnen.

➤ Chancen bieten.

➤ Offen sein für Spieleinfälle des Hundes.

➤ Position verändern.

➤ Fangnahe MO-Führung!

➤ Motivationsfördernde Abstandsgestaltung.

➤ Im richtigen Augenblick anbeißen lassen.

Für das Anbeißen gilt alles bisher Gesagte: Abwarten, bis der Hund eine besonders tüchtige, intelligente oder überraschende Aktion zeigt. Dafür wird er belohnt. Auch hier hat sich bewährt, die Steuerung sozusagen aus der Hand zu geben. Wie wird das gemacht? Man führt das MO derart nah am Fang, dass der Hund bei entsprechendem Einsatz von allein, ganz ohne unser Zutun, zum Erfolg kommt und sich das MO holt. Erfahrene Spielvirtuosen schleudern beispielsweise das MO in einer Art und Weise hoch, dass sie es mit großer Wahrscheinlichkeit **nicht** mehr auffangen können. In diesem Szenario findet der Hund natürlich eine echte Chance. Der Teamführer bemüht sich trotz aussichtsloser Situation, das MO, welches auf den Boden fiel, als Erster zu bekommen. Derartige Wettspiele mit hohem Chancenanteil für den Hund stimulieren ungemein und fördern das Engagement. Nach dem Anbeißen folgt entweder das sofortige

🟥 So wird's gemacht: Die Teamführerin gibt bei jeder Aktion des Hundes nach – dem Einsatz des Hundes entsprechend.

Loslassen (etwa bei besonders beeindruckenden Aktionen des Hundes) oder das Beutestreiten.

Beutestreiten: Beim Beutestreiten steht uns einmal mehr unsere Überlegenheit im Wege. Hier ist es vor allem die physische Überlegenheit, welche Probleme schafft. Halten wir uns kurz Folgendes vor Augen: Wenn zwei (annähernd gleich große) Hunde beutestreiten, dann erfährt jeder der beiden Partner, wenn der andere eine Aktion setzt. Anders, wenn der Mensch mit dem Hund spielt (von der eher seltenen Ausnahme gleicher Kräfteverhältnisse sehen wir hier einmal ab). Wenn der Hund beispielsweise den typischen Ruck nach hinten einsetzt, dann kann er damit, wenn sein Spielpartner Mensch ruhig stehen bleibt, überhaupt nichts bewirken. Will man die Tüchtigkeit des Hundes fördern, dann muss man eine ähnliche Situation schaffen, wie sie im Spiel der Hunde untereinander vorkommt: Der Teamführer muss die Chancengleichheit **spielen**. Damit das überhaupt möglich wird, ist die tiefe Spielhaltung eine der Voraussetzungen. Der Arm, welcher das Ende des Tampens (ein Stück Tau) hält, ist ein wenig gebeugt (ca. 120 Grad), so dass man nachgeben und heranziehen kann. Das Entscheidende jedoch ist das Nachgeben, und zwar in dem Augenblick, wenn der Hund eine Aktion setzt. Das heißt nun nicht, dass man sofort loslässt und sich geschlagen gibt. Aber man zeigt sich entsprechend beeindruckt, und man gibt entsprechend nach. Bei einer starken Aktion des Hundes mehr, sonst weniger. Erst bei einer extrem starken oder raffinierten Aktion des Hundes lässt der Teamführer dann los. Das Nachgeben des Zugarmes wird begleitet von einem glaubwürdigen Mimikspiel. Man tut so, als würde einen das Halten und Beutestreiten die letzte Kraft kosten. Auf diese Weise belohnen wir wiederum – wie in der Natur – die Tüchtigkeit. Denn für den Hund ist auch das Minenspiel, in welchem sich sein Engagement spiegelt, ein nicht zu unterschätzendes Lustereignis.

Ersetzen Sie Beute-Objekte ab und zu durch neue und wechseln Sie in bestimmten Spielphasen die Objekte.

Viele Hunde kontern nicht mehr. Und leider sind es oft gerade jene Hunde, mit denen **viel** gespielt wird. Erfährt der Hund immer wieder beim Beutestreiten, dass der Mitspieler Mensch in jeder Hinsicht überlegen ist, dann verwandelt sich die ursprüngliche Motivation in Frustration. Die Folgen sind bekannt: Die Aktionen werden schwächer, und auch das Kontern nimmt ab. Oft stehen spielgeschädigte Hunde nur noch da. Das Einzige, was sie noch aufrechterhalten, ist der Griff am MO. Mangelndes Kontern lässt sich auf mehrfache Art und Weise *revitalisieren* (siehe dazu auch das Buch »Mensch-Hund-Harmonie«, Seite 155). Beim Loslassen gilt das Gleiche. Auch hier wird Tüchtigkeit belohnt. Lassen Sie daher nicht los, nur weil Sie meinen, das Spiel habe nun lange genug gedauert. Erst loslassen, wenn sich der Hund die Beute verdient hat.

10 Zurückbringen und Beutetausch

Kurzbeschreibung

Zeitrahmen bzw. Wiederholungen: Maximalzeit 10 Sekunden.

Ablauf: Nach dem Loslassen in Übung 10 wartet der Teamführer den Juroreneintrag ab. Nach Freigabe darf der Teamführer entweder ein kurzes Freies Spiel (ohne Anbiss) einleiten oder das MO sofort von sich wegwerfen, mindestens fünf Schritte weit. Die Zeit läuft ab dem Augenblick des Wegwerfens. Der Hund soll das MO innerhalb 10 Sekunden aufnehmen, zurückbringen und im Tausch gegen das Konkurrenz-MO abgeben. Als Konkurrenz-MO darf auch ein MO anderer Kategorie gewählt werden (z. B. Futter). Das Konkurrenz-MO darf auch zur Stimulation für das Zurückbringen eingesetzt werden. Zusätzlich ist akustische Stimulation erlaubt. Auch der Einsatz eines beliebigen Hörzeichens ist erlaubt (z. B. ›Bring‹ für das Herbeibringen und ›Aus‹ für das Abgeben). Der Einsatz von Hörzeichen bringt jedoch keine bessere Bewertung. Worauf es ankommt, ist eine zwangsfreie, freudig vitale Ausführung!

Ansage

Ansage: »*Start*« – »*noch 10 Sekunden*« – »*Achtung, noch 5*« – »*Ende*«.
»*Bitte Juroreneintrag abwarten.*«
Ansage: »*Es folgt Übung 11: 3 x ›Aus‹ ohne Konkurrenz-MO.*«
Nach Abschluss des Juroreneintrags folgt Startfreigabe für Übung 11.

Kernziele (qualitative Ebene):

➤ **Kernziele Mensch:** *Transformation, Spielgestaltung (Konkurrenz-MO), Mot-Niveau-Gestaltung, ›Aus‹-Gestaltung, Lob.*
➤ **Kernziele Hund:** *Spiel-Annahme, Freiwilligkeit (Zurückkommen und Abgeben), Spiel-Lust, Engagement, Spielregeltreue (keine Unarten).*

Übungsaufbau

Didaktik-Methodik: Auch das Abgeben der Spielbeute soll absolut zwangsfrei geschehen. Das erreicht man nicht, solange man dem Hund als Konkurrent gegenübertritt. Worauf es also beim Abgeben des MOs ankommt, ist, jegliche Konkurrenzsituation zu vermeiden. Hierzu bieten sich mehrere Techniken an (siehe Buch und Video »Richtig Spielen mit Hunden« und »Mensch-Hund-Harmonie«). Eine der einfachsten Methoden liegt im Beutetausch: Der Hund gibt seine Beute ab, um eine andere zu erhalten. Spricht der Hund gut auf das »Tauschangebot« an, so kann man zwei identische MOs verwenden. Gibt der Hund eher ungern oder gar nicht ab, so hilft in vielen Fällen das geschickte Nutzen der *MO-Hierarchie*. Viele Hunde haben ganz bestimmte MO-Vorlieben. Meistens gilt dem zuerst erlebten MO das Hauptinteresse (Ursache u.a. Prägungsphase!). Andere MOs werden zwar auch angenommen, aber sie stehen dann oft deutlich niederer im Beliebtheitsrang. Genau das nutzen wir methodisch, indem wir mit dem tiefer stehenden MO beginnen und das Lieblings-MO zum »Tausch anbieten«. In dieser Reihenfolge klappt dann der Tausch gewöhnlich. Umgekehrt klappt er meistens nicht.

Eine weitere Möglichkeit besteht darin, den Tausch mit einem MO anderer Kategorie anzubieten: Beispielsweise Futter gegen Beißwurst. Und auch hier bietet sich die erwähnte hierarchische Reihenfolge an. Aus methodischer Sicht ist wichtig, nicht zu lange auf dem Stand des Beutetauschs zu bleiben. Schon bald sollte man dazu übergehen, das MO auch ohne Tausch einzuleiten.

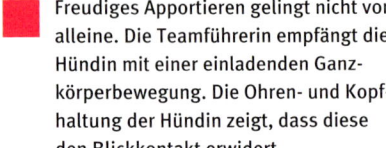
Freudiges Apportieren gelingt nicht von alleine. Die Teamführerin empfängt die Hündin mit einer einladenden Ganzkörperbewegung. Die Ohren- und Kopfhaltung der Hündin zeigt, dass diese den Blickkontakt erwidert.

Unmittelbar nach dem Abgeben werfen wir das MO direkt vor dem Hund auf den Boden. Auf diese Weise verbindet der Hund das Abgeben mit dem sich sofort anschließenden neuen Erfolg. Er lernt, dass der Teamführer nicht als der befürchtete Konkurrent auftritt. Dass wir das MO direkt vor den Fang werfen, hat Gründe. Vor Jahren haben wir das MO irgendwie weggeschleudert, mehr oder minder weit. Auch hier jedoch haben die Spielanalysen deutlich gezeigt, was der Hund wirklich lernt. Das Abgeben selbst wurde auf Grund dieses Vorgangs, der immerhin zwischen drei und zehn Sekunden dauerte, nur geringfügig freudiger. Wenn das MO jedoch zeitlich und räumlich unmittelbar auf das Abgeben folgt, tritt die gewünschte, rückgekoppelte Verknüpfung auf, die den Hund das Abgeben leicht fallen lässt. Je kürzer die Zeit vom Abgeben bis zum neuen Anbiss und je kürzer die hierbei zu bewältigende Strecke, desto mehr profitiert man daraus für die Aus-Phase. Natürlich kommt es auch darauf an, das Wegwerfen hoch zu stimulieren, etwa in Verbindung mit Geräusch oder Stimme und einer ruckartigen, zackigen Bewegung im Auslösecharakter. So wird ein »distressfreies« Abgeben aufgebaut.

1 Nach dem Zurückbringen mit Beutetausch (Ersatz-MO) folgt »3 x ›Aus‹«.

2 »3 x ›Aus‹« muss ohne Ersatz-MO gezeigt werden. Innerhalb von 10 Sekunden muss dem Team gelingen, »3 x ›Aus‹« (problemfrei) vorzuzeigen.

In der weiteren Folge nutzen wir den bereits beschriebenen Umgang mit *symmetrischer* und *asymmetrischer Intervall-Bekräftigung.* Gut eingeübt, lässt der Hund bei dieser Methode beispielhaft schnell und absolut problemfrei aus. Damit haben wir gleichzeitig die Methode für die nachfolgende Übung vorbereitet: »3 x ›Aus‹ in zehn Sekunden, ohne Verwendung eines Konkurrenz-MOs«.

11 3 x ›Aus‹

Kurzbeschreibung

Zeitrahmen bzw. Wiederholungen: Maximalzeit 10 Sekunden.

Ablauf: Nach erneutem Anbeißen, diesmal ohne vorausgehendes Animationsspiel (allenfalls sehr kurz), folgt dreimaliges, kurz aufeinanderfolgendes, zwangsfreies (»freiwilliges«) Abgeben mittels Hörzeichen ›Aus‹ (diesmal ohne Einsatz eines Konkurrenz-MOs). Für das dreimalige ›Aus‹ stehen wiederum maximal 10 Sekunden zur Verfügung. Die Zeit beginnt ab dem ersten Anbeißen.

Ansage

Ansage: *»Start« – »noch 10 Sekunden« – »Achtung, noch 5« – »Ende«*
»Bitte Juroreneintrag abwarten.«
Ansage: *»Als Nächstes folgt Übung 12: Paradeübung und ›Hier‹.«*

Kernziele (qualitative Ebene)

➤ **Kernziele Mensch:** *Transformation, Spielgestaltung (Konkurrenz-MO), Mot-Niveau-Gestaltung, ›Aus‹-Gestaltung, Lob.*

➤ **Kernziele Hund:** *Spiel-Annahme, Freiwilligkeit (Zurückkommen und Abgeben), Spiel-Lust, Engagement, Spielregeltreue (keine Unarten).*

Übungsaufbau

Didaktik-Methodik: Der Aufbau dieser Übung wurde bereits unter dem vorangegangenen Punkt beschrieben. In der Übung »3 x ›Aus‹« darf im Gegensatz zur vorangegangenen Übung »Zurückbringen und Beutetausch« kein Tausch-Objekt mehr verwendet werden. In dieser Übung ist ein hochqualifiziertes ›Aus‹ gefordert, ähnlich wie im Hundesport.
Ein Teil der möglicherweise auftretenden Probleme wurde bereits beschrieben. Bei Abgabeproblemen kommt man in der Regel nicht daran vorbei, nochmals mit dem Freien Spiel zu beginnen und jegliche Konkurrenz-Situation peinlichst zu vermeiden.

Die Teamführerin ist sich sicher, dass der Hund das MO gerne zurückgibt, dementsprechend locker hält sie die Hände auf. Der Hund sieht sie erwartungsvoll an, während sie mit freundlicher Stimme das Hörzeichen ›Aus‹ gibt. Falls der Hund einmal nicht so gerne »freiwillig« ausgibt, hat er auch gelernt, dem streng gesprochenen Unterordnungs-›Aus‹ zu folgen.

12 Paradeübung und ›Hier‹

Kurzbeschreibung

Zeitrahmen bzw. Wiederholungen: Paradeübung: Maximalzeit 30 Sekunden, ›Hier‹ Maximalzeit 20 Sekunden.

Ablauf: Die Spielübung besteht aus zwei Teilen: Aus der »Paradeübung« und dem darauf folgenden Vorführen des ›Hier‹ (mit Hilfe von *Motivationsinseln*).

➤ **Paradeübung:** *Spannungsaufbau in Seit-Position, Abliegen in der Mitte des Korridors, erneuter Spannungsaufbau in Seit-Position (Grundstellung links oder rechts), in Front drehen, Wegschleichen. Balance-Gestaltung (Stim-Aut–Balance = Balance zwischen Motivation und Autorität mittels*

Paradeübung

in einzelnen Schritten:

(Repertoire-Reichtum)

✔ 1. An den Eingang des Vorführfeldes führen

✔ 2. Einstimmen

✔ 3. Seit-Position, Blickkontakt, Spannungsaufbau

✔ 4. ›Abliegen‹ oder ›Sitzen‹

✔ 5. In Front drehen

✔ 6. Wegschleichen – vis-a-vis

✔ 7. Balance zwischen Stimulation und Geistigem Zügel

✔ 8. Auslöser

✔ 9. Freies Spiel.

Gewichtsverlagerung, Körpersprache, Mimik und »Geistigem Zügel«. – Akti-Dämpf-Balance, Mot-Niveau-Gestaltung), Auslösen, kurzes Freies Spiel. ›Aus‹ (mit oder ohne Konkurrenz-MO).

➤ **›Hier‹:** *Spannungsaufbau. Abliegen in Feldmitte. Einige Schritte Wegschleichen. Anschließend mindestens 6 Schritte in natürlicher, aufrechter Gehweise in Richtung Korridor (innerhalb der 6 Schritte sind keine Stimulationshilfen erlaubt). Umdrehen (Stimulationshilfen erlaubt). Aufrichten und ruhig stehen. Zirka drei Sekunden warten. Heranrufen (ohne Hilfen) mittels Hörzeichen ›Hier‹ (oder Rufen des Hundenamens oder Name und ›Hier‹) und anschließendes, kurzes Freies Spiel (kein Vorsitzen). Zurücklaufen (oder Gehen) in die Mitte des Vorführfeldes.*

Ansage

Ansage: »*Teil a: Paradeübung Start*« – »*noch 30 Sekunden*« – »*noch 20 Sekunden*« – »*noch 10 Sekunden*« – »*Achtung, noch 5*« – »*Ende*« (bzw. »*beendet*«).
»*Teil b: Übung ›Hier‹ – Start*« – »*noch 30 Sekunden*« – »*noch 20 Sekunden*« – »*noch 10 Sekunden*« – »*Achtung! noch 5*« – »*Ende*« (bzw. »*beendet*«).
»*Bitte Juroreneintrag abwarten.*«
Ansage: »*Es folgt Übung 13: Spiel und Stopp.*«

Kernziele (qualitative Ebene):

➤ **Kernziele Mensch in der Paradeübung:** *Imagination, Spielreichtum, Spannungsaufbau, Stimulative Kommunikation (überzeugende Bewegungen: Simultanes Wegschleichen, Sich-Verbergen und Flucht), Didaktische Transformation.*

➤ **Kernziele Hund in der Paradeübung:** *Kommunikation, Erwartung, Unablenkbar-*

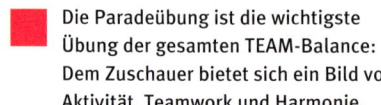 Die Paradeübung ist die wichtigste Übung der gesamten TEAM-Balance: Dem Zuschauer bietet sich ein Bild von Aktivität, Teamwork und Harmonie.

Fotos 1 bis 3: Hier zeigt das Team die Parade-übung in einzelnen Phasen: Absitzen und Spannungs-aufbau. In der zweiten Phase erfolgt ›Platz‹. Dritte Phase: Spannungs-dehnen und Beginn des Wegschleichens. Dabei dreht sich die Teamführe-rin in Front zum Hund.

keit, Stim-Aut-Balance, Individuelle Entfal-tung.

➤ **Kernziele Mensch in der Übung ›Hier‹:** *Stimulative Kommunikation, Stimulations-pause, Spannungsaufbau, Didaktische Transformation, Lob.*

➤ **Kernziele Hund in der Übung ›Hier‹:** *Spiel-Annahme (der stilisierten, hilfefreien Stimulation); freudiges, freiwilliges und en-gagiertes Herkommen; Spielregeltreue.*

Übungsaufbau

Didaktik-Methodik:
Paradeübung: Auf der Suche nach einer Übung, die nahezu alle Gesichtspunkte der Lind-art®-Team-Ausbildung beinhaltet, habe ich die Para-deübung über Jahre hin entwickelt, verfeinert und standardisiert. Dem Zuschauer bietet sich ein Bild von Aktivität, Teamwork und Harmo-nie. Das gemeinsame Tun ist Spiel, und der un-voreingenommene Betrachter kann sich der freudigen Ausstrahlung dieses Mensch-Hund-Teams kaum entziehen. Da kommt ein Team-führer mit seinem Hund auf den Platz, stellt sich in einer bestimmten Art und Weise span-nungsvoll vor den Hund, und von diesem Augenblick an ist der Hund innerlich höchst engagiert, heftet seine Augen an jede Bewegung seines Spielpartners, hält die Ohren spitz, atmet ein, wenn der Teamführer einatmet, und hält den Atem mit ihm an; und der Hund bleibt

ohne irgendein Zeichen von Unterwerfung, Zwang oder Angst **lauernd** am Boden liegen. Das spannungsvolle Warten erregt ihn offen-sichtlich sehr, und es macht ihm Spaß. Der Teamführer schleicht sich in geduckter Haltung vom Hund weg, auf leisen Sohlen in geschmei-digen Schritten, den Körper schwebend tra-gend. Er fixiert den Hund fortwährend mit den Augen, um ihn dann, nach einiger Entfernung mit den auslösenden Signalen der Bewegung (und der Stimme) aufspringen zu lassen. Der Hund rast herbei, und es folgt ein *Freies Spiel* nach allen Regeln der Kunst.

Dem Kenner fällt noch einiges mehr auf.

➤ Er hat gesehen, dass der Teamführer sein MO in einer gedachten Linie zwischen den Augen des Hundes und denen des Team-führers hält (Augen-MO-Linie, E.L.). Vor dem MO (zwischen Hund und MO) hält der Teamführer dem Hund die gestreckten und gespreizten Finger entgegen (»*Geisti-ger Zügel*«).

➤ Es ist ihm nicht entgangen, wie der Team-führer kurzzeitig das MO, dann wieder den *»Geistigen Zügel«* oder die eigene Mimik betonte, wie die einzelnen Komponenten ständig in Balance gehalten wurden.

➤ Es fiel ihm auf, dass sich der Hund durch keine äußere Ablenkung, etwa durch die umstehenden Personen, irritieren ließ.

➤ Und es wurde sichtbar, wie sich die *Mobilisierenden* mit den *Zügelnden Kräften* im Gleichgewicht befanden!

Foto 4: Neue Perspektive vom Hund aus gesehen: Augen-MO-Linie. Fotos 5 bis 7: Auslöser.

Was wird vom Teamführer erwartet? Das Ganze sieht erstaunlich leicht aus. Intuition, Beobachtungsgabe, Vorstellungskraft, Imagination (Verwandlungskunst), Phantasie und Kreativität sind gefragt. Lauter Eigenschaften, die, wie wäre es anders möglich, besonders im Spiel und in der Kunst gefragt sind. Auch diejenigen, die weniger geschickt sind, können es lernen. Bis zu einem gewissen Grad. Hierbei hilft die Aneignung des umfangreichen Fundamentes theoretischer Kenntnisse. Auf der einen Seite die caniden Verhaltensweisen, wobei adaptive Appetenzverhaltensweisen ebenso zum Einsatz kommen wie weitgehend programmierte Instinkthandlungen und Reflexe. Auf der anderen Seite die vielfältigen Kommunikations-Details, deren sich der Teamführer mittels Haltung, Mimik und Gestik, Berührung und auch Geräusche bedient. Das *Tabu-Signal* des »Geistigen Zügels« anzuerkennen hat der Hund inzwischen schon gelernt, und auch das schon lauernde Warten wurde in kleinen Schritten aufgebaut.

Eine exakte Paradeübung: Wenn Sie einer exakt vorgeführten Paradeübung zusehen, gewinnen Sie den Eindruck, es könne gar nicht anders ablaufen. Es steckt jedoch viel Mühe dahinter, das Ganze souverän vorzuführen. Der Teamführer muss sich auf eine Menge Details seiner eigenen Bewegungen konzentrieren und gleichzeitig darf er den Hund nie aus den Augen lassen. Er muss auf die geringste Veränderung im Maskenausdruck, in der Körperspannung oder der Atmung achten. Der Teamführer lernt dabei immer besser, seine Regulative entsprechend einzusetzen. Er kennt die Wirkung der Gewichtsverlagerung, der MO-Stimulation ebenso wie die Wirkung einzelner Punkte aus dem Wegschleichen und der Stimmungsübertragung. Und je besser er die Wirkungen kennt, desto mehr verlässt er sich darauf, was wiederum eine Steigerung der Effekte zur Folge hat.

In jedem Augenblick Entscheidungen fällen: Innerhalb der Spielgestaltung ist der Teamführer gefordert, in jedem Augenblick Entscheidungen zu fällen:
➤ Braucht der Hund den *Zügel* oder eher das MO oder beides?
➤ Wenn beides, in welchem Verhältnis?

Fotos 1 bis 3: Zweiter Teil der Paradeübung: ›Hier‹. Die Teamführerin entfernt sich einige Schritte in normaler Gehweise. Es folgen einige stimulierende schleichende Schritte. Dann folgt das natürliche Aufrichten, ohne den Hund durch Haltung oder Bewegung zu stimulieren.

➤ Wie stark dürfen die MO-Bewegungen ausfallen?

➤ Soll er zusätzlich durch Laute stimulieren oder führt das eher zu Übermotivation?

➤ Wie lange soll er die Übung ausdehnen?

➤ Noch einen Schritt zurückschleichen oder auslösen?

Und noch viele andere Entscheidungen. Fehler rächen sich sofort. Der Hund lässt sich möglicherweise durch umstehende Personen ablenken. Gelingt es dem Teamführer nicht, die Ablenkung im Keim aufzufangen, wird wahrscheinlich Folgendes passieren. Wenn sich der Hund auch nur zwei Sekunden vom Teamführer abwendet und nach der Ablenkung sich ihm wieder zuwendet, dann steht er in der Regel auf. Warum? Er hat die Paradeübung infolge des Zeitabstandes ganz einfach vergessen oder er steht in einer neuen, anderen Stimmungslage. Es folgt dann das Aufstehen in Rückerinnerung auf das Abrufen aus dem ›Platz‹ oder, bei unterordnungsmäßig weniger gut ausgebildeten Hunden, aus Submission oder Ersatzhandlung – um nur einige Ursachen zu nennen. Steht der Hund auf, darf man ihn weder schimpfen noch während des Herankommens zum erneuten Abliegen veranlassen. Die Übung muss ganz von vorne aufgebaut werden. Sollte der Hund gleich am Anfang der Übung »vorrobben«, dann muss man ihn auf den alten Platz zurückführen und dort erneut ablegen. Der Hund würde sonst annehmen, »vorrobben« ist auch in Ordnung. Da er in der Annäherung einen Vorteil sieht, würde sich das »Vorrobben« durch Wiederholungen konditionieren.

Die *Paradeübung* ist wie eine Art Gradmesser der *Mensch-Hund-Harmonie*, ein Test des erreichten Teamwork, eben eine Vorzeig-, eine *Paradeübung*. Sie steht daher am Ende von »TEAM-Balance« und stellt in ihrer ausgeprägten Form das Reife Spiel zwischen Mensch und Hund dar. Bis beide Teampartner auf dem Niveau des *Reifen Spiels* zu kommunizieren gelernt haben, sind in der Regel drei bis sechs Monate vergangen. Es ist ratsam, sich die *Parade-Übung* im Video »Hunde spielend motivieren« anzusehen. Wer im Test nicht in der Lage ist, seinen Hund mindestens eine Minute auf sich zu konzentrieren und sich dabei auf zehn bis 20 Schritte von ihm zu entfernen, ihn dann auf ein auslösendes Signal abzurufen und mit ihm anschließend ein Freies Spiel durchzuführen, das mit einem problemfreien Abgeben des MOs endet, der sollte nochmals einige Schritte zurückgehen und mit der Basis-Übung beginnen.

Leistungsmerkmale der ›Parade-Übung‹:

➤ 100-prozentige *Aufmerksamkeit* während der gesamten Übung, ohne eine einzige Ablenkbarkeit (Mensch und Hund)!

➤ Sichtlich hoch ausgeprägte *Spielappetenz* (Hund).

➤ Stressfreie Akzeptanz des *Geistigen Zügels* – Tabu-Signal (Hund).

➤ *Respondierende Kommunikation* (Mensch und Hund).

➤ Glaubwürdige Vermittlung der *primären und sekundären Motivationen* (Mensch).

➤ Positive Aufnahme der *primären und sekundären Motivationen* (Hund).

➤ Hoch aktive Annahme des *aktionsauslösenden Signals* (Hund).

➤ *Integral motivierendes Freies Spiel*, gefolgt von richtigem *Anbeißenlassen, Beutestreiten* und *konflikt- und problemfreiem Auslassen* (beispielsweise mittels *Konkurrenz-MO* oder einer anderen ›Aus‹-Methode.

›**Hier**‹: Nach der Paradeübung folgt noch die darauf aufbauende Übung ›Hier‹. Der Teamführer schleicht sich wie gehabt vom Hund weg. Nach einigen Schritten jedoch dreht er dem Hund den Rücken zu und geht mindestens sechs Schritte in ganz normaler Gehweise weiter, ohne den Hund irgendwie zu stimulieren. Es ist immer wieder verblüffend, mitzuerleben, wie der Hund durch diese stimulationsfreien Phasen ohne Schwierigkeiten durchtaucht, ohne Spannungsabfall oder Abnahme des Engagements. Nach sechs stimulationsfreien Schritten darf der Teamführer wie-

Fotos 4 bis 7: Jetzt folgt der Auslöser. Im Training mittels Hörzeichen ›Hier‹ und nach Belieben in Verbindung mit der Einladung zu einem Beute-Spiel. Nach und nach werden die Hilfen abgebaut und der Hund wird nur noch mit Hörzeichen gerufen. In der Prüfung darf das Spiel erst unmittelbar nach dem Herankommen eingeleitet werden.

der das stimulierende Schleichen aufnehmen. Dann dreht er sich um, steht ganz normal aufrecht da, ohne den Hund zu stimulieren, und ruft ihn nach den üblichen drei bis vier Sekunden Spannunghalten mit ›Hier‹ oder einem anderen, frei wählbaren Hörzeichen zu sich heran. Der herankommende Hund soll mit Spiel empfangen werden. Er soll noch nicht, wie in Unterordnungsprüfungen, korrekt vorsitzen.

Die Paradeübung soll beispielhaft für den gesamten Team-Bildungs-Aufbau zeigen, wie man sich an das Fordern formaler Aufgaben annähert: *Aus dem Spiel heraus und wieder ins Spiel mündend werden kleine Aufgaben eingeflochten.*

In den ersten Phasen des Übungsaufbaus ›Hier‹ sind es nur ein oder zwei Schritte oder auch nur ein halbes Umdrehen aus der Paradeübung – mehr nicht. Und diese Stimulationsfreie Phase kommt bei jeder Wiederholung an einem anderen Punkt zum Einsatz. So bleibt der Hund in einer lückenlosen Erwartungshaltung.

13 »Spiel und Stopp« (Balance-Test)

Kurzbeschreibung

Zeitrahmen bzw. Wiederholungen: Maximalzeit 20 Sekunden, Spannungsphase je drei bis fünf Sekunden. Stopp wird dreimal gezeigt.

Ablauf: Der Ansager gibt das Vorführfeld mittels Handzeichen frei für

➤ »**Spiel und Stopp**«. Die Aufgabe besteht darin, den Hund in hohem Motivationsniveau plötzlich zum Erstarren und damit zum Stopp aus der Bewegung zu veranlassen. Der Hund darf jedoch im Stopp in seiner zwangsfreien, engagierten Aktionsbereitschaft nicht eingeschränkt werden. Der Stopp soll mittels »*Geistigem Zügel*« (nach Belieben auch in Vertretung eines entsprechenden Hörzeichens, z. B. ›Stopp‹) vermittelt werden. Eine Verknüpfung des »*Geistigen Zügels*« mit ›Sitz‹ oder ›Platz‹ ist jedoch nicht im Sinne der Aufgabe! Nach einer kurzen Spannungsphase (Dauer zwischen drei und fünf Sekunden) wird das Spiel wieder aufgenommen. Als Auslöser zur Wiederaufnahme des Spiels können die üblichen *Stimulationssignale* genützt werden (z. B. Geräusche, Stimme, Bewegung, MO-Einsatz u.a.)

Nach dem dritten Stopp darf der Hund kurz belohnt werden.

➤ **Jurorenkommentare:** Nach Aufruf durch den Ansager begibt sich das Team vor die Jurorenloge zur Entgegennahme der Kommentare (Anleinen freigestellt).

Nach Bekanntgabe der Jurorenkommentare läuft das Team auf kürzestem Wege zum Ausgang (Hinauslaufen).

Ansage

Ansage: »*Übung 13: Spiel und Stopp (Balance-Test).*« – (Erläuterung nach Belieben)
»*Noch 20 Sekunden*« – »*noch 10*« – »*Achtung, noch 5*« – »*Ende*« (bzw. »*beendet*«).
Ansage: »*Das Team bitte herantreten zum Jurorenkommentar.*«

> »Spiel und Stopp«: Mitten im rasanten Spiel wird der Hund gestoppt, ohne ihn jedoch einzuschüchtern oder zu verunsichern. Der Hund sieht auch hier dem Teamführer erwartungsvoll und freudig in die Augen.

> Manchmal ist es vorteilhaft, den »Doppelzügel« einzusetzen, z. B. wenn der Hund sehr schnell herankommt.

Kernziele (qualitative Ebene):

➤ **Kernziele Mensch:** *Didaktische Transformation, Geistiger Zügel, Spiel-Freude, Stim-Aut-Balance, Haltung und Bewegung.*

➤ **Kernziele Hund:** *Engagement (Verausgabungsbereitschaft), Führigkeit (auch bei hohem Motivations-Niveau), Einordnung, Spielregeltreue, Individuelle Entfaltung.*

Übungsaufbau

Didaktik-Methodik: Eine weitere Steigerung erfährt die *Paradeübung* in »*Spiel und Stopp*«. In Spiel und Stopp soll der Hund hoch motiviert werden, wobei der TEAM-Führer mitten im Spiel erstarrt und gleichzeitig den »*Geistigen Zügel*« einsetzt. Ob zusätzlich ein Hörzeichen gegeben wird (beispielsweise ›Stopp‹) oder nicht, ist individuell zu entscheiden.

Der Hund erstarrt in der augenblicklich wahrgenommenen Körper-Haltung. Er wartet auf den neuen Auslöser, ohne die Haltung zu verändern. Im Stopp soll keine bestimmte Haltung assoziiert werden, sondern der Hund soll lernen, in JEDER Haltung aufgrund des Stopp-Signals zu verharren und abzuwarten.

In *Spiel und Stopp* steht die *TEAM-Balance* nochmals auf einem herausfordernden Prüfstand mit hohem Anspruch. Wer *Spiel und Stopp* überzeugend vorführt, der hat bewiesen, dass der Hund selbst bei hoher Trieblage führbar bleibt. Aber vergessen wir nicht: Trotz des Einsatzes von Autoritätssymbolen darf die Harmonie nicht gestört werden.

14 Sozialisation und Spielappetenz

Kurzbeschreibung

Zeitrahmen bzw. Wiederholungen: Da diese Übung von allen Teams gemeinsam ausgeführt wird, ist ein vorgegebener Zeitrahmen im Sinne der Chancengleichheit nicht erforderlich.

Ablauf: Aus allen Teams, die zur Übung »Sozialisation und Spielappetenz« angetreten sind, werden zwei annähernd gleich große Gruppen gebildet. Gruppe A spielt sich im Vorbereitungsbereich ein (die Hunde sind dabei angeleint). Nach der kurzen Einstimmen-Phase, welche der Koordinator auf Handzeichen des Jurorensprechers hin beendet, machen die eingestimmten Teams der Gruppe A Platz für die Teams der Gruppe B, welche nach dem Aufruf »Eintreten und aufstellen« in den Prüfungsbereich eintreten und sich im Korridor auf beiden Seiten aufstellen (die Hunde befinden sich dabei in Seit-Position sitzend, stehend oder liegend).

Nun geht die Gruppe A mit ihren angeleinten Hunden durch den Korridor – an den aufgestellten Teams der Gruppe B vorbei. Die Hunde dürfen jeweils rechts oder links des Teamführers geführt werden. Auf Handzeichen des Jurorensprechers hin gibt der Ansager den Start frei für ein kurzes Spiel, welches Gruppe A auf dem Vorführfeld durchführt (die Hunde

bleiben dabei angeleint). Währenddessen geht Gruppe B aus dem Korridor in den Vorbereitungsbereich, wo die Teams ihre Hunde einstimmen. Die Zeitdauer des Spiels wird von dem Jurorensprecher bestimmt.

Die Teams der Gruppe A gehen auf Ansage in den Korridor und stellen sich auf beiden Seiten in der gleichen Weise wie zuvor Gruppe B auf. Dann treten die Teams der Gruppe B nach Aufruf durch den Ansager ein und gehen an den Teams der Gruppe A im Korridor vorbei. Im Vorführfeld beginnt nun Gruppe B das gleiche Spiel. Währenddessen verlassen die Teams der Gruppe A den Korridor und gehen hinaus. Der Ansager gibt das Ende des Spiels bekannt. Danach geht Gruppe B hinaus.

Ansage

Der Ansager bzw. Zeitgeber leitet die Teams mit folgenden Worten durch die Spielübung: »Start.« – »Noch 10 Sekunden.« – »Achtung, noch 5!«
»Ende«.
Ansagen: *Es folgt Übung 14: Sozialisation (2)* (Erklärung nach Belieben)
»Alle Teams bitte aufstellen im Vorbereitungsbereich für Übung 14: Sozialisation und Spielappetenz.«
Der Koordinator bildet annähernd gleich große Gruppen A und B (z. B. durch Abzählen: gerade Zahlen = A, ungerade Zahlen = B).

»Gruppe A bitte in den Korridor zur Aufstellung.« (Pause)
»Gruppe B bitte eintreten.« (Pause)
»Start.« (Pause). Während Gruppe B zu spielen beginnt, folgt die nächste Ansage:
»Gruppe A bitte hinaustreten in den Vorbereitungsbereich.« (Pause)
»Ende des Spiels.«
»Gruppe B bitte im Korridor aufstellen.«
»Gruppe A bitte eintreten.«
»Start.« (Pause)
»Gruppe B bitte abtreten.«
»Ende – Gruppe A bitte abtreten.«

Am Anfang der Übung »Sozialisation und Spielappetenz« treten die Teamführer einer vorher ausgewählten Gruppe mit ihren angeleinten Hunden in den Vorbereitungsbereich, um sich dort einzuspielen.

1 Die Teams der Gruppe A stellen sich im Korridor auf.

2 Gruppe B geht mit angeleinten Hunden an Gruppe A vorbei.

3 Krönender Abschluss: Die Teams spielen nebeneinander, ohne sich zu behelligen oder ablenken zu lassen.

Kernziele (qualitative Ebene):

- **Kernziele Mensch:** *Balance-Gestaltungen, Autorität, Kommunikation, ggf. Korrekturgestaltung, Entscheidungsqualität und Handlungskonsequenz.*
- **Kernziele Hund:** *Führigkeit, Spielappetenz, Begegnungsunbedenklichkeit (Unbefangenheit fremden Menschen und Hunden gegenüber, Unablenkbarkeit.*

Bewertung: Diese Übung wird als »bestanden« oder »nicht bestanden« bewertet. Auffällige Teams können von den Juroren zu einem gesonderten Test aufgerufen werden.

Urkunden-Verleihung

Während die Gesamtwertung vom Prüfungsgremium ermittelt wird und die Urkunden erstellt sowie die Eintragungen in das Leistungsheft vorgenommen werden, sollte für die Zuschauer als auch für die Prüfungs-Teilnehmer eine Demonstration einer auf Lind-art® aufgebauten Sportlichen Leistung gezeigt werden. Hierfür eignen sich:

- Sportarten, die auf TEAM-Balance aufgebaut sind, wie *TEAM-sport* und/oder *TEAM-dance*
- eine klassische Unterordnung
- Demonstrationen anderer sportlicher Leistungen.

Für den Fall, dass das Wetter schlecht ist oder aber in Ermangelung geeigneter Vorführ-Teams bietet es sich an, Ausschnitte von Videos (siehe Literaturverzeichnis, Seite 155) zu zeigen.

Anschließend findet für die erfolgreichen Teams die feierliche Verleihung der Urkunden durch das Prüfungsgremium statt. Hierzu stellen sich die Teams im Vorführfeld auf. Nach der Urkunden-Verleihung ist der offizielle Teil der Prüfung beendet.

Ausblick

Es ist sicher nicht jedermanns Sache, freiwillig eine Prüfung zu absolvieren. Und die vielen neuen Gesichtspunkte, die man hierbei zu berücksichtigen hat, sind sicher nicht von heute auf morgen umsetzbar. Trotzdem spricht einiges dafür, sich der TEAM-Balance-Herausforderung auch innerhalb einer Prüfung zu stellen.

Wer den Team-Gedanken und die vielen anderen Inhalte der TEAM-Balance verstanden und die entsprechenden Ziel umsetzen gelernt hat, der wird überall gerne aufgenommen:

- im traditionellen Hundesport
- bei den Spezialausbildungen der Gebrauchshunde
- in der Agility
- in den neuen Sportarten TEAM-sport und TEAM-dance.

TEAM-Harmonie wird überall hoch geschätzt. Hierzu einen Beitrag zu leisten, ist Anliegen dieses Buches.

Wir wünschen dem Leser viel Freude und Selbstfindung im Umgang mit seinem Hund und beiden viel Erfolg bei der Ausbildung zu einem Team in Balance.

Spielregeln

Sofern in der betreffenden Spielübung keine anders lautenden Regeln formuliert sind, gilt Folgendes:

1 Korrekturgestaltung: Im gesamten Prüfungsablauf hat der Teamführer die Möglichkeit und auch bei regelwidrigem Verhalten des Teampartners die Aufgabe, eine artgerechte Korrekturgestaltung (»*Geistiger Zügel*« u. a.) zu zeigen. Dies führt zu einer angemessenen Minderbewertung der jeweiligen Übung. Eine fehlende Korrekturgestaltung führt jedoch zu einer weit größeren Minderbewertung. Auf diese Weise wird vermieden, dass der Hund zwischen Prüfungs- und Übungssituation zu unterscheiden beginnt.

2 Verlässt der Hund Vorführfeld, Einstimmungsfeld oder Korridor (entscheidend ist das Übertreten der Feldmarkierungen), so bleiben dem Teamführer drei Versuche, den Hund in geeigneter Art und Weise zurückzurufen. Bleibt auch der dritte Versuch ohne Erfolg, wird die Prüfung mit »nicht bestanden« abgebrochen.

3 Kommt der Hund innerhalb der drei Rückrufversuche zurück, so wird die betreffende Spielübung nicht gewertet, aber das Team darf mit der nächsten Übung weitermachen.

4 Verlässt der Hund Einstimmungsfeld, Korridor oder Vorführfeld ein zweites Mal (auch in Abständen), so führt dies zum Abbruch der Prüfung mit »nicht bestanden«.

5 Der Teamführer wartet die Freigabe zur jeweils nächsten Übung ab. Frühstart führt zu Minderbewertung.

6 Das Rufen von Hörzeichen und Kommandos sowie das Rufen des Hunde-Namens führen bei manchen Übungen zu Minderbewertung.

7 Übungen mit angegebener Maximalzeit dürfen vorzeitig beendet werden – ohne eine Minderbewertung.

8 Übungen mit Minimalzeit dürfen bis höchstens 10 Sekunden überschritten werden (Zeitrahmen)!

9 Bei Übungen mit angegebener Minimalzeit kostet jedes Wegsehen des Hundes vom Teamführer einen Punkt. Längeres Wegsehen kostet Punkte in Höhe der jeweils verstrichenen Sekunden (Formale Leistungsanteile).

10 Einordnungswidrige Verhaltensweisen sowie mangelnde Spieltreue des Hundes oder mangelnde Selbstsicherheit führen zu Minderbewertung: Kleiderbeißen. Handbeißen. Unkontrolliertes, ständiges Hochspringen. Unkontrolliertes, ständiges Bellen. Abwenden und Verselbstständigen des Hundes. Urinieren oder Koten. Dominieren, Aggression, Ängstlichkeit, Befangenheit u. a.

11 Vorzeitiges Belohnen führt bei einigen Übungen zu Minderbewertung.

12 In den aktiven Spielteilen, in welchen der Teamführer Futter als MO einsetzt, müssen ausreichend große Futterstücke verwendet werden. (Zum reinen Belohnen dürfen kleine Futterstücke verwendet werden.)

13 Es dürfen nur physiologisch-biologisch und physikalisch unbedenkliche Futter- und Beute-MOs verwendet werden.

14 Bei Übungen, bei denen der Einsatz von MOs untersagt ist, müssen die MOs so in der Kleidung versteckt werden, dass sie vom Hund nicht gesehen werden können. Trainingswesten sind erlaubt. Der Koordinator hat die Aufgabe, den Teamführer gegebenenfalls an das korrekte Verstauen des MOs zu erinnern.

15 Fällt Futter oder das MO auf den Boden oder aus den Taschen, wird die anliegende Übung um eine Note minder bewertet.

16 Fällt Futter auf den Boden oder aus den Taschen, wird die Vorführung unterbrochen, bis das auf den Boden gefallene Futter von den Hilfspersonen (Ablenkungs-Gruppe) aufgelesen wurde. Die Unterbrechung kann vom Ansager, vom Prüfungsleiter oder vom Jurorensprecher bestimmt werden.

17 Die für manche Übungen vorgeschriebene Leine muss aus Gründen der Verletzungsgefahr in einer Tasche untergebracht werden.

18 Zum Antritt der Prüfung ist es dem Teamführer freigestellt, das Vorführfeld laufend oder gehend zu betreten.

19 Die einzelnen Übungen sind so vorzuführen, dass sie von der Jurorenloge aus gut verfolgt werden können. Bei Nichtbeachtung kann das Jurorenteam die Wiederholung einer Übung oder eines Details fordern.

20 Wird eine Übung vom Hund falsch ausgeführt oder verweigert, so darf sie maximal zweimal unter Nutzung geeigneter Hilfen wiederholt werden. Diese Übung erhält die Bewertung »nicht gezeigt/nicht ausgeführt« (Note 5).

Register

Die halbfett gesetzten Seitenzah-
len verweisen auf Abbildungen.

Adressen /Literatur

Adressen, die weiterhelfen

Fédération Cynologique Internationale (FCI)
13 Place Albert I
B-6530 Thuin/Belgien

Verband für das Deutsche
Hundewesen e.V. (VDH)
Postfach 10 41 54
44041 Dortmund
www.vdh.de

Österreichischer Kynologen-
verband (ÖKV)
Johann-Teufel-Gasse 8
A-12 30 Wien

Schweizerische Kynologische
Gesellschaft (SKG/SCS)
Länggaßstraße 8
CH-3001-Bern

Ratfels®-International (E. Lind)
Bayerham 37
A-5201 Seekirchen
Tel. und Fax 00 43 /(0) 62 12 66 04
www.Ekard-Lind.de
*Unter dieser Adresse erhalten Sie
Informationen über weitere
Bücher und Videos des Autors
sowie Informationen über Veran-
staltungen und Lind art® TEAM-
Ausbildung.*

TWZ (TEAM-work-Zentrum)
Andrea Kühne
Bleichstraße 2
90429 Nürnberg
*Unter dieser Adresse erhalten Sie
Informationen über Trainer- und
Richterausbildung. Bitte legen*

*Sie Ihren Anfragen einen frankierten
Rückumschlag bei.*

**Fragen zur Hundehaltung
beantworten**
Ihr Zoofachhändler und der
Zentralverband Zoologischer
Fachbetriebe Deutschlands e.V.
63225 Langen
Tel. 0 61 03 / 91 07 32 (nur telefoni-
sche Auskunft möglich)
www.zzf.de.

Krankenversicherung
Uelzener Allgemeine Versiche-
rungsgesellschaft AG
Postfach 21 63
29511 Uelzen
www.uelzener.de

AGILA Haustier-Krankversiche-
rung AG
Breite Straße 6–8
30159 Hannover
www.agila.de

Haftpflichtversicherung
Fast alle Versicherungen bieten
auch Haftpflichtversicherungen für
Hunde an.

Registrierung von Hunden
Haustier-Zentralregister für die
BRD e.V. (TASSO)
Postfach 1423
65783 Hattersheim
Tel. 0 61 90 / 40 88
www.tiernotruf.org

Lind-art®

➤ Veranstalterfragen richten Sie
bitte an *Ratfels*®-Internatio-
nal, Adresse siehe links.

➤ Auskunft zur Lind-art®-Trai-
ner-Ausbildung erhalten Sie
bei TWZ, Adresse siehe links.

➤ Bücher, Videos und vom
Autor entwickelte Hunde-
sportartikel erhalten Sie in D,
A und der CH bei Ratfels –
MO®-MOT®-Shops.

Adressen:
➤ **Deutschland**
Ratfels® Deutschland
A. Kühne
Bleichstraße 2
90429 Nürnberg
Tel. 09 11 / 2 87 87 80
Fax 09 11 / 28 95 23

➤ **Österreich**
Ratfels® Österreich
Peter Kuba
Sagedergasse 7–11
A-11 20 Wien
Tel. 06 64 / 3 22 02 73
Fax 01 / 6 65 03 92

➤ **Schweiz**
Ratfels® Schweiz
Ursula Gauchat
Julienstraße 122 Sternen
CH-7453 Tinizong (Gr)
Tel. 0 81 / 6 37 14 42
Fax 0 81 / 6 37 14 41

IFTA, Internationale Zentrale
für Tierregistrierung
Weiherstraße 8
88145 Hergatz
Tel. 01 80 / 5 21 34 02

Deutsches Haustierregister
Baumschulallee 15
53115 Bonn
Tel. 02 28 / 6 04 96-0
*Wer seinen Hund vor Tierfängern
und dem Tod im Versuchslabor
schützen will, kann ihn hier regis-
trieren lassen.*

Bücher, die weiterhelfen
(falls nicht im Buchhandel, dann in
Bibliotheken erhältlich)

Aldington, E.: Von der Seele des
  Hundes. Gollwitzer Verlag,
  Weiden
Bendig, V.: Kleine Ursache, große
  Wirkung. Die Blaue Eule,
  Essen
Coren, S. Die Intelligenz der
  Hunde. Rowohlt Verlag,
  München
Ehrenfried, L.: Körperliche
  Erziehung zum seelischen
  Gleichgewicht. Westliche Berliner
  Verlagsgesellschaft, Berlin
Feddersen-Peterson, D./Ohl, F.:
  Hundepsychologie. Kosmos
  Verlag, Stuttgart
Feddersen-Petersen, D./Ohl, F.:
  Ausdrucksverhalten beim Hund.
  Enke Verlag, Stuttgart
Feddersen-Petersen, D.: Hunde und
  ihre Menschen. Kosmos Verlag,
  Stuttgart

Henze, O.: Die Erziehung und
  Abrichtung des Hundes.
  Kameradschaft Verlag Gersbach
  & Co, Berlin
Ilgner, E.: Der Hundesport. Band 1
  und 2. Grethlein & Co, Leipzig
Klever, U.: Hunde. Hundehaltung
  mit Herz und Verstand. Gräfe
  und Unzer Verlag, München
Lind, E.: Richtig Spielen mit
  Hunden. Augustus Verlag,
  München
Lind, E.: Hunde spielend motivie-
  ren. Augustus Verlag, München
Lind, E.: TEAM-dance. Gräfe und
  Unzer Verlag, München
Lind, E.: Mensch-Hund-Harmonie.
  Gräfe und Unzer Verlag,
  München
Montgelas, Gräfin E. von: Vom
  Umgang mit Tieren. Hunde und
  Pferde. Haberland Verlag, Leipzig
Morris, D.: Dogwatching. Heyne
  Verlag, München
Most, K./Böttger, P.: Leitfaden
  für die Abrichtung des Hundes.
  Kameradschaft Verlag Gersbach
  & Co, Berlin
Most, K.: Leitfaden für die
  Abrichtung des Polizei- und des
  Sanitätshundes. Kameradschaft
  Verlag Gersbach & Co, Berlin

Österreichischer Hundesport in
  Wort und Bild. Österreichischer
  Kynologenverband
Zimen, E.: Der Hund. Goldmann
  Verlag, München

Videos
Siehe aktuelles Angebot der
Ratfels®-International-Shops.

Zeitschriften
Der Hund. Deutscher
  Bauernverlag GmbH,
  Wilmsaue 36, 10713 Berlin

Partner Hund. Gong Verlag,
  Nordendstr. 64, 80801 München

Unser Rassehund. Herausgegeben
  vom Verband für das Deutsche
  Hundewesen e.V., Dortmund

SV-Zeitung. Herausgegeben vom
  Verein für Deutsche Schäferhun-
  de (SV) e.V., Steinerne Furt 71,
  86167 Augsburg

Die TEAM-Balance-Prüfungs-
ordnung wird in Abständen
überarbeitet.
Die aktuellen Details können Sie
dem Prüfungsheft entnehmen:

ISBN 3-9500655-3-9
Zu beziehen bei
Ratfels®-International
(Adresse Seite 154).

Der Autor

Prof. Ekard Lind ist einer der interessantesten und gefragtesten Tierpädagogen. Er gilt als Wegbereiter einer neuen, dem Ideal der »Mensch-Hund-Harmonie« folgenden Ausbildungs-Philosophie, die auf die dreifache Definition des Begriffes »art« (ethische, ethologische und pädagogische Perspektive) zurückgeht. Als ehemaliger Musikhochschullehrer und Kinderpädagoge bringt er zusammen mit seiner hundesportlichen Erfahrung ideale Voraussetzungen für zukunftsweisende Formen der Mensch-Hund-Beziehung mit. Innerhalb der letzten zehn Jahre hat er zwei neue Hundesportarten entwickelt: TEAM-sport (neue Unterordnung in vier Leistungsstufen und Seniorenklasse mit zahlreichen neu entwickelten Aufgabenstellungen) und TEAM-dance, welche auf TEAM-sport aufbaut und durch das Hinzutreffen von Musik und Choreographie unbegrenzte Möglichkeiten bietet.

Die Fotografen

Der Großteil der Fotos stammt von Marie-Therese, Maria und Ekard Lind.
Christine Steimer: Seiten 34, 41, 52, 56, 65, 80, 88, 102, 111, 119, 120, 123, 126, 136, 145, 148, 149.

Die Zeichnerin

Renate Holzner arbeitet als freie Illustratorin und Künstlerin bei Regensburg. Ihr breites Repertoire reicht von inhaltlich sachlichen Illustrationen bis hin zur freien Malerei. Zu ihren Kunden zählen renommierte Verlage im Sachbuch und Kunstdruck-Bereich.

Dank

Ein besonderer Dank gilt den vielen Personen, die sich für Fotoaufnahmen mit ihren Hunden zur Verfügung gestellt haben.

Fotos auf dem Buchumschlag

Vorderseite: Mensch und Hund sind in Balance. Rückseite (links): Ein schweres Bring-Holz fördert einen festen Griff; das Team beim Start- und Basisspiel; (Rückseite rechts): Freies Spiel beim Einstimmen.

© 2001 Gräfe und Unzer Verlag GmbH, München. Alle Rechte vorbehalten. Nachdruck, auch auszugsweise, sowie Verbreitung durch Bild, Funk, Fernsehen und Internet, durch fotomechanische Wiedergabe, Tonträger und Datenverarbeitungssysteme jeder Art nur mit schriftlicher Genehmigung des Verlages.

Redaktion: Sibylle Kolb
Umschlaggestaltung und Layout: independent Medien-Design, München
Satz: Uhl & Massopust, Aalen
Produktion: Susanne Mühldorfer
Repro: Penta, München
Druck: Appl, Wemding
Bindung: Monheim
Printed in Germany

ISBN: 3-7742-5385-4
Auflage   4   3   2   1
Jahr   2004   03   02   01

Das Original mit Garantie

Ihre Meinung ist uns wichtig. Deshalb möchten wir Ihre Kritik, gerne aber auch Ihr Lob erfahren. Um als führender Ratgeberverlag für Sie noch besser zu werden. Darum: Schreiben Sie uns! Wir freuen uns auf Ihre Post und wünschen Ihnen viel Spaß mit Ihrem GU-Ratgeber.

Unsere Garantie: Sollte ein GU-Ratgeber einmal einen Fehler enthalten, schicken Sie uns das Buch mit einem kleinen Hinweis und der Quittung innerhalb von sechs Monaten nach dem Kauf zurück. Wir tauschen Ihnen den GU-Ratgeber gegen einen anderen zum gleichen oder ähnlichen Thema um.

Ihr Gräfe und Unzer Verlag
Redaktion Heimtier
Postfach 86 03 25
81630 München
Fax. 0 89/4 19 81-113
e-mail:
leserservice@graefe-und-unzer.de

GU TIERRATGEBER

Expertenrat rund um den Hund

ISBN 3-7742-3142-7
64 Seiten

ISBN 3-7742-3151-6
64 Seiten

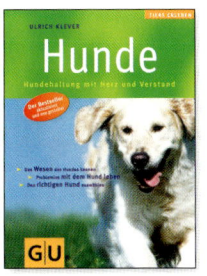

ISBN 3-7742-4792-7
160 Seiten

ISBN 3-7742-5094-4
128 Seiten

ISBN 3-7742-1007-1
256 Seiten

Kompetent, praxisnah und einfühlsam: GU Ratgeber sind eine unentbehrliche Hilfe für alle, die mehr über ihren Hund erfahren wollen.

WEITERE TITEL ZUM THEMA HUND BEI GU:

➤ Mit dem Hund spielen und trainieren

➤ Unser Welpe

➤ Mein Traumhund

➤ Wenn mein Hund älter wird

➤ Sennenhunde

Gutgemacht. Gutgelaunt.